FICHA CATALOGRÁFICA
Bibliotecária: Alice Tacão Wagner - CRB 7/RJ 4316

S487i

Serrano, Pablo Jiménez.
Instituições de direito privado. [livro eletrônico]/ Pablo Jiménez Serrano. – Rio de Janeiro: Jurismestre, 2015.
106 p. : Il.

ISBN 978-85-69257-09-7

1. Direito privado. 2. Direito civil. I. Título.

CDD – 346

***Editoração e Acabamento*:**
Editora Jurismestre – Rua H, n. 173
Fone: (24) 99905-8200 – 27251-223 – Volta Redonda, RJ.
www.loja.jurismestre.com.br
contato@jurismestre.com.br

Pablo Jiménez Serrano

Graduação em Direito pela Universidade do Oriente, Cuba (1983), Mestrado em Epistemologia da Política e do Direito pela Universidade São Judas Tadeu (2005) e Doutorado em Direito pela Universidade do Oriente, Cuba (1996), diploma revalidado (RECONHECIDO), de acordo com os documentos constantes do Processo n. 2000.1.4694.1.7 pela Universidade de São Paulo - USP/SP (02 de agosto de 2004). Cursou o Programa de Doutorado: Metodologia Fontes e Instituições Jurídicas da Universidade de Alicante, Espanha. Professor e pesquisador do Centro Universitário Salesiano de São Paulo, Unisal, Lorena. Professor e pesquisador do Centro Universitário de Volta Redonda, UniFOA. Tem experiência na área de Direito, com ênfase em Direito Civil e Direito do Consumidor, atuando principalmente nos seguintes temas: Metodologia do Ensino e da Pesquisa Jurídica, Hermenêutica e Interpretação Jurídica, Filosofia do Direito, Ética Pública e Empresarial, Teoria do Direito etc. É autor de vários livros e artigos científicos.

SUMÁRIO

INTRODUÇÃO

Este livro é o resultado de estudos doutrinários desenvolvidos com o objetivo de organizar e sistematizar os temas e os conteúdos de grande repercussão para a teoria e a prática do direito. As diversas leituras por mim desenvolvidas tiveram como objeto diversas reflexões acerca da funcionalidade e perspectiva desta parte importante da Ciência do Direito que aqui significamos como a base conceitual e teorética do raciocínio jurídico histórico e moderno.

Assim, decidimos sistematizar em duas Partes (Parte I e II) os Conceitos Básicos do Direito Civil e do Direito Empresarial. Ao escrevê-lo, abordamos não só as noções conceituais, mas também os aspectos normativos que servem de instrumento para a resolução dos conflitos sociais.

De fato, o Direito Privado constitui uma unidade conceitual e teleológica dotada de princípios jurídicos que se agrupam em duas categorias, constituindo a primeira o *direito civil* e a segunda o *direito empresarial.*

Considerou-se, pois, que, os conceitos (e institutos) abordados simbolizam, por um lado, os fatos e acontecimentos naturais e humanos e, por outro, as relações jurídicas que têm como substrato as relações socioeconômicas tuteladas pelo Direito Civil e pelo Direito Empresarial, por meio de regras deontologicamente ordenadas em torno de unidades normativas também chamadas de instituições jurídicas.

A denominação Direito Privado é histórica. Ela teve a sua origem no Direito Romano, a partir do qual este importante ramo do direito se constituiria como disciplina dos cidadãos, critério utilitário que o *Digesto* e as *Institutas.* Pode-se dizer que o Direito Privado é herança desse direito, ainda constante na legislação vigorante, usada, por exemplo, nos artigos 40, 44 e 45 do Código Civil[1].

---

[1] Art. 40. As pessoas jurídicas são de direito público, interno ou externo, e de direito privado.
Art. 44. São pessoas jurídicas de direito privado:
I - as associações;
II - as sociedades;
III - as fundações.
IV - as organizações religiosas;
V - os partidos políticos.
Art. 45. Começa a existência legal das pessoas jurídicas de direito privado com a inscrição do ato constitutivo no respectivo registro, precedida, quando necessário, de autorização ou aprovação do Poder Executivo, averbando-

Contudo, o estudo da Teoria do Direito Privado é sempre fascinante, principalmente quando o estudioso tem a oportunidade de comparar esses dois grandes sub-ramos do Direito que, intimamente ligados, se ocupam das relações constituídas por pessoas *físicas (naturais) e/ou jurídicas*. Nessa análise comparativa é legítimo verificar que, mesmo de origem privatista, os institutos em estudo são submetidos a constantes alagamentos motivados pela necessidade da tutela de novos interesses sociais ou coletivos, motivo pelo qual a interpretação e a integração de suas normas se encontram balizadas por importantes princípios, a saber: a boa-fé, o bem comum, a transparência, preservação contratual, hipossuficiência etc.

Destarte, modernamente, considera-se inidôneo dissociar os interesses privados dos coletivos, admitindo-se que a utilidade dos cidadãos não é antagônica da utilidade coletiva (PEREIRA, 2005, p. 15). Assim, a subdivisão aqui apresentada não é estanque, admite-se, pois o despontar de outros ramos e disciplinas que, por serem o resultado do dinamismo da Ciências Jurídicas, atualmente se desenvolvem e imbricam com o Direito Privado, disciplinas que ensejam, a cada dia, a especialização dos juristas, assim, por exemplo, podemos citar: o Direito do Consumidor, o Direito do Idoso, o Direito Ambiental etc.

Certamente, o Direito Privado hodierno, podemos afirmar, destina-se a assegurar a coexistência dos interesses sociais em face da concretização de direitos consagrados tanto na Constituição Federal e nas normas infraconstitucionais, regimes que, por estarem em constante transformação, suscitam interessantes discussões acerca das consequências positivas e negativas que derivam dos novos casos que preocupam ao jurista moderno.

Em suma, como veremos nas próximas linhas, as instituições de direito privado abordadas desempenham um papel importante na organização social e na tutela de direitos em face das liberdades e seus limites que garantem a justiça social. Finalmente, por meio do presente estudo, esperamos poder contribuir para uma melhor compreensão e uso dos conceitos e institutos aqui abordados.

---

se no registro todas as alterações por que passar o ato constitutivo.

PARTE I

CONCEITOS BÁSICOS DO DIREITO CIVIL

Toda área do saber humano precisa de conceitos básicos, denominação que aqui definimos como um conjunto de construções ou figuras, por meio das quais a própria ciência e suas doutrinas almejam representar os objetos ou realidades estudadas.

A denominação Direito Civil tem sofrido uma variada significação no tempo. No Direito Romano era o direito da cidade, destinado a reger a vida dos cidadãos independentes e, rigorosamente, correspondia ao direito quiritário, *ius quiritium*. Modernamente define-se como um conjunto de conceitos e norma: princípios e regras que objetiva regular relações jurídicas em face realização da justiça e do bem comum, sendo, portanto, um *direito comum*.

Embora o Direito Civil seja considerado um dos ramos do Direito Privado, a rigor é mais do que isto. Conforme Caio Mário (PEREIRA, 2005, p. 22)

> É no Direito Civil que se aprende a técnica jurídica mais característica de um dado sistema. É consultando o Direito Civil que um jurista estrangeiro toma conhecimento da estrutura fundamental do ordenamento jurídico de um país, e é dentro dele que o jurista nacional encontra aquelas regras de repercussão obrigatória a outras províncias do seu direito [...] o direito civil enuncia as regras de hermenêutica, os princípios relativos à prova, a noção dos defeitos dos negócios jurídicos, a organização sistemática da prescrição etc., institutos comuns a todos os ramos do direito, tão bem manipulados pelo civilista quanto pelo publicista.

Certamente, as noções de contrato, de obrigação, de responsabilidade etc. explicadas nas diversas disciplinas jurídicas têm a sua origem e sistematização no Direito Civil e são doadas ao sistema jurídico por causa da extensão dos seus conceitos. Assim, por conceitos básicos do Direito Civil entendemos os termos ou palavras técnicas representativas da linguagem jurídica que servem de alicerce de todo o Direito, facilitando a construção sistemática dos símbolos representativos da vida, isto é, dos fatos, eventos ou acontecimentos, conduta ou relações humanas que, afinal, são objeto do Direito e suas normas. Trataremos, pois, dos conceitos concretos que simbolizam as relações socioeconômicas do cotidiano, que por fazer parte da linguagem, possibilitam a prescrições e as definições jurídicas e, consequentemente, o raciocínio do jurista: a parte mais representativa da dogmática jurídica.

Capítulo 1
Negócio Jurídico

A compreensão da teoria do negócio jurídico exige o estudo dos conceitos básicos que a constituem, a saber, fato, ato e negócio (jurídicos), conceitos que são representativos (simbolizam) a perspectiva ontológica do direito. Eis que, na dimensão empírica do Direito constatamos fatos (eventos, acontecimentos) involuntários e voluntários. Os primeiros "caracterizando-se por serem ações resultantes da vontade, vão constituir a classe dos atos jurídicos, quando revestirem certas condições impostas pelo direito positivo [...]. A segunda categoria, constituída de uma declaração de vontade dirigida no sentido de obtenção de um resultado, é que a doutrina tradicional denominava de ato jurídico (*stricto sensu*), e a moderna denomina de *negócio jurídico*. (PEREIRA, 2005, p. 475)

Essa importante distinção tem uma repercussão para a prática jurídica, motivo pelo qual, a seguir, passaremos a estudar.

1.1 Fato Jurídico

Todo acontecimento natural ou humano do qual emanam consequências pode ser chamado de "fato". Os fatos, propriamente denominados "*simples fatos*", são meros eventos que, devido a sua insignificante repercussão para o direito, não têm um significado (sentido) jurídico. Isso significa que, quando a repercussão ou consequência do fato é relevante, fundamentalmente para a organização social, passarão a ser regulados pelo direito e, assim, serão denominados *fatos jurídicos*.

A partir desse entendimento, podemos considerar que o fato jurídico é um evento do qual nasce um direito, isto é, um evento causador de direitos. Tais são os exemplos do nascimento, da morte, a maioridade etc.

Em conformidade com isso, podemos afirmar que nem todo fato é jurídico. O sentido jurídico do fato é reservado pelo próprio ordenamento, isto é, pelas normas jurídicas. Assim, afirmaria Kelsen (1998, p. 3):

> O sentido jurídico específico, a sua particular significação jurídica, recebe-a o fato em questão por intermédio de uma norma que a ele se refere com o seu conteúdo, que lhe empresta a significação jurídica, por forma que o ato pode ser interpretado segundo esta norma. A norma funciona como esquema de interpretação. Por outras palavras: o juízo em que se enuncia que um ato de conduta humana constitui um ato

> jurídico (ou antijurídico) é o resultado de uma interpretação específica, a saber, de uma interpretação normativa. Mas também na visualização que o apresenta como um acontecer natural apenas se exprime uma determinada interpretação, diferente da interpretação normativa: a interpretação **causal**. (...)
> Isso quer dizer, em suma, que o conteúdo de um acontecer fático coincide com o conteúdo de uma norma que consideramos válida. (Grifo nosso)

A respeito disso se afirma que as normas jurídicas enunciam consequências aos fatos a que se refere. O fato descrito em norma jurídico como pressuposto de consequência por ela imposta é chamado de fato jurídico. Se o fato jurídico é a conduta de um sujeito de direito, chama-se de ato jurídico. Se o ato jurídico é praticado com a intenção de gerar a consequência prevista na norma jurídica (isto é, produzir certos efeitos), denomina-se negócio jurídico. (COELHO, 2003, p. 277-279)

1.1.1 Classificação dos fatos jurídicos

Vimos que os fatos jurídicos são verdadeiros acontecimentos causadores de direitos. Decerto que tais acontecimentos (ou eventos) podem ser naturais ou humanos que hão de determinar a ocorrência de efeitos constitutivos, modificativos ou extintivos de direitos e obrigações, na órbita do direito. (GAGLIANO, 2006, p. 293)

Pois bem, por serem de origem diferente (natural ou humana) os fatos jurídicos dividem-se em "voluntários" e "involuntários", segundo emanem ou não da vontade humana.

Dizemos então que, em sentido amplo, os fatos jurídicos se classificam de acordo com: a) a inexistência ou presença do elemento volitivo (vontade) e; b) as consequências que o próprio acontecimento engendra.

Com efeito, e de acordo com a inexistência ou presença da vontade (como elemento gerador), o fato jurídico, assim, pode ser classificado:

- *Fato jurídico* (em sentido estrito: ordinário e extraordinário) é todo acontecimento ou evento onde inexiste a intervenção humana, assim sendo, a vontade é inexistente. Eis o fato jurídico *stricto sensu*, a exemplo do nascimento e da morte;

- *Ato jurídico* é todo acontecimento ou evento voluntário e causador de direitos e, por esse motivo, gera consequências jurídicas.

Dissemos, então que, de acordo com as suas consequências o fato pode ser:

- *Jurídico* aquele do qual emanam consequências jurídicas e, conforme à sua importância são regulados juridicamente, isto é, fazem parte da hipótese normativa.

- *Não jurídico* aquele do qual não emanam consequências jurídicas e, portanto, não são regulados juridicamente. Por exemplo, os atos, eventos naturais não cuidados pelo direito, mas que podem vir a ser reprovados social ou moralmente.

1.1.2 Efeitos do fato jurídico

O fato jurídico pode vir a gerar os seguintes efeitos:

a) Aquisição de direito, quando do acontecimento nasce um direito, por exemplo, a propriedade sobre bens;

b) Modificação de direito que se pode dar tanto no conteúdo ou objeto das relações jurídicas (modificação objetiva) quanto no que se refere a seus titulares (modificação subjetiva).

c) Extinção de direitos, diz-se do perecimento das coisas, direitos ou objeto de uma relação jurídica, derivados, por exemplo, da renúncia, do falecimento do titular, da decadência etc.

Certamente, existem fatos naturais e, até mesmo, condutas que por não serem relevantes para o Direito não fazem parte do conteúdo (ou hipótese) normativo. Assim, por exemplo, a chuva é um fato simples involuntário, da qual não emana consequência jurídica alguma. Igualmente, o consenso para uma reunião de estudo, palestra ou festa não gera consequências jurídicas, mesmo que tais acontecimentos emanem da vontade humana.

Resumindo, quando os fatos corriqueiros, voluntários e involuntários, se submetem à incidência da norma jurídica, estaremos aí diante dos "fatos jurídicos". Se provenientes da vontade humana são "voluntários". Se não provenientes da vontade mencionada, "involuntários". Como exemplo dos fatos jurídicos involuntários, poderíamos apontar um acidente que trouxesse a morte de seu condutor. Como exemplo de um fato jurídico voluntário poder-se-ia apontar a compra e venda de um imóvel. Nesse último caso, estamos diante de um "fato jurídico voluntário lícito", isto é, diante de um "*ato jurídico*": negócio jurídico ou contrato. Logo, por meio da denominação "ato jurídico" (fato jurídico voluntário) veio-se a configurar o negócio jurídico (quando patrimonial) e o contrato (quando bilateral).

1.2 Ato Jurídico

Bem, como uma extensão da significação do *fato* podemos definir o *ato* como um acontecimento ou situação que deriva da vontade humana que, quando jurídico, engendra consequências para o direito. Assim sendo, o ato jurídico constitui uma manifestação de vontade que, sem sentido negocial, condiciona o nascimento de um efeito jurídico.

Certamente, no *ato jurídico*, diferentemente do *negócio jurídico*, não existe a intenção ou a vontade manifesta de constituir uma afetação patrimonial ou econômica visivelmente apreciável como acontece nos contratos, nos testamentos etc.

O elemento que caracteriza este conceito é o seguinte: o agente não dispõe de liberdade para criar relações ou direitos para além do prescrito na norma.

Pode-se dizer, então, que o ato jurídico (lícito) apenas tem por objetivo concretizar o pressuposto fático contido na norma jurídica. É o que ocorre, por exemplo, no ato de fixação do domicílio, no ato de defesa de um direito lesado (ajuizamento de ações), no reconhecimento da filiação (paternidade ou maternidade) não resultante de casamento. (GAGLIANO, 2006, p. 303)

É justamente a existência a presença da vontade o que separa o ato do fato jurídico. Neste sentido, o ato jurídico é sempre voluntário, regulado pelo direito e, por esse motivo, pode ser considerado "lícito" ou "ilícito".

O ato jurídico é lícito quando tem seus efeitos (positivos) legalmente previstos, não conflitando com as normas legais. Dissemos, então, que o ato é ilícito quando transgressor do ordenamento jurídico e, para o qual se estabelecem consequências, exemplos:

> Código Civil
>
> Art. 186 Aquele que, por ação ou omissão voluntária, negligência ou imprudência, violar direito e causar dano a outrem, ainda que exclusivamente moral, comete ato ilícito.
>
> Art. 187. Também comete ato ilícito o titular de um direito que, ao exercê-lo, excede manifestamente os limites impostos pelo seu fim econômico ou social, pela boa-fé ou pelos bons costumes.
>
> Art. 188. Não constituem atos ilícitos:
>
> I - os praticados em legítima defesa ou no exercício regular de um direito reconhecido;
> II - a deterioração ou destruição da coisa alheia, ou a lesão a pessoa, a fim de remover perigo iminente.
>
> Parágrafo único. No caso do inciso II, o ato será legítimo somente quando as circunstâncias o tornarem absolutamente necessário, não excedendo os limites do indispensável para a remoção do perigo.

Contudo, da analise das regras anteriores, podemos deduzir que a ação ou omissão voluntária, negligente[2] ou imprudente[3] que viola direito e causa dano (ato ilícito) pode ser considerada um fenômeno de signo dinâmico. Porém, a consequência derivada prevista no art. 927 do CC será considerada uma situação: fenômeno de caráter estático.

O ato jurídico é "lícito", quando encerra um fato jurídico emanado da vontade humana e ajustado ao ordenamento jurídico e, sendo seu conteúdo patrimonial e seu vínculo bilateral

---

[2] *Negligencia*: descuido, desatenção que pode vir a originar danos a outrem.
[3] *Prudência*: agir com cautela e moderação, procurando evitar erros ou danos.

será considerado *negócio jurídico*, a exemplo da compra e venda aperfeiçoada. (Artigos 481, 482 e 483 do Código Civil brasileiro).

> Art. 481. Pelo contrato de compra e venda, um dos contratantes se obriga a transferir o domínio de certa coisa, e o outro, a pagar-lhe certo preço em dinheiro.
>
> Art. 482. A compra e venda, quando pura, considerar-se-á obrigatória e perfeita, desde que as partes acordarem no objeto e no preço.
>
> Art. 483. A compra e venda pode ter por objeto coisa atual ou futura. Neste caso, ficará sem efeito o contrato se esta não vier a existir, salvo se a intenção das partes era de concluir contrato aleatório.

Conclui-se, assim, que no conceito de ato jurídico incluem-se os negócios jurídicos que são considerados como o conjunto de ações intencionais dos sujeitos de direito. (COELHO, 2003, p. 279)

1.3 Negócio Jurídico

Amplamente desenhado e desenvolvido pela casuística romana, ao longo de todos os períodos, veio o negócio jurídico tomando contornos de século a século, estudado e aprimorado pelos juristas do mundo inteiro, inclusive os glosadores da Idade Média, até que despontou nos sécs. XIX e XX nos Códigos Civis de quase todo o mundo. Mas, a categoria negócio jurídico desenvolveu-se, como muita mais profundidade na doutrina germânica.

A teoria do negócio jurídico histórica ou tradicional afirma que existem atos jurídicos que não são negócios jurídicos. Esse entendimento também foi seguido pelo legislador hodierno e introduzida, por exemplo, no Código Civil brasileiro, em seu artigo 185, com a seguinte conotação: *Aos atos jurídicos lícitos, que não sejam negócios jurídicos, aplicam-se, no que couber, as disposições do Título anterior.*

Assim, o legislador brasileiro coloca em destaque a noção de negócio jurídico, considerando desnecessário repetir os mesmos conceitos em relação aos atos jurídicos que não constituam negócios jurídicos. Neste sentido, explica Caio Mário da Silva Pereira (2005, p. 476) que: "por extensão analógica, os requisitos de validade, as modalidades, os defeitos e a teoria das nulidades, constituídas em torno do negócio jurídico, aplicam-se aos atos jurídicos em geral".

No nosso entender, como mera extensão do ato, o negócio jurídico pode ser definido como uma manifestação de vontade orientada a produzir efeitos jurídicos tutelados pelo direito, desta vez, caracterizada por um conteúdo patrimonial ou econômico evidente.

Nesse sentido é que vai se diferenciar o negócio do ato jurídico. São exemplo, negócios jurídicos o *testamento* e o *contrato*. O primeiro significado como um negócio jurídico unilateral, o segundo como sendo um negócio jurídico bilateral. Por outro lado, são atos jurídicos e não negócios jurídicos, por exemplo, o ato de reconhecimento de paternidade e do casamento e o constitutivo de pessoa jurídica:

> Código Civil
>
> Art. 45. Começa a existência legal das pessoas jurídicas de direito privado com a inscrição do ato constitutivo no respectivo registro, precedida, quando necessário, de autorização ou aprovação do Poder Executivo, averbando-se no registro todas as alterações por que passar o ato constitutivo. (Grifo nosso)

Em suma, o negócio jurídico, explica Fábio Ulhoa (2003, p. 283) é o próprio ato jurídico em que o sujeito quer produzir a consequência prevista na norma. Em outros termos, o ato jurídico é sempre voluntário, isto é, algo que o sujeito de direito faz por sua vontade. Pois bem, se o efeito predisposto na norma jurídica é querido pelo sujeito, denomina-se negócio jurídico o ato. O Código Civil brasileiro de 2002 incorporou a teoria do negócio jurídico.

Pensamos, contudo, que o negócio jurídico tem como pressuposto um fato voluntário que, com interesse especificamente patrimonial objetiva criar, modificar ou extinguir um direito, isto é, gerar um efeito jurídico. Assim sendo, "no negócio jurídico há de estar presente uma finalidade jurídica, que o distingue de mera submissão passiva ao preceito legal, e que é encarecido como um dos seus extremos, assente na obtenção de um resultado efetivamente querido pelo agente". (PEREIRA, 2005, p. 478)

1.3.1 Características do negócio jurídico

A doutrina brasileira designa três atributos (ou características) ao negócio, a saber: *existência*, *validade* e *eficácia*.

a) Existência. O negócio existe se preenchidos dois pressupostos importantes: a conjugação dos seus elementos essenciais (sujeito de direito, declaração de vontade com intenção de produzir efeitos e objeto fisicamente possível de existir) e a juridicidade (descrição pela lei como fato jurídico);

b) Validade. O negócio será válido, se atendidos os requisitos de validade (agente capaz, objeto lícito e determinável, forma legal) e desde que inexistente vício de formação (erro, dolo, coação, estado de perigo, lesão ou fraude contra credores);

c) Eficácia. O negócio será eficaz quando os efeitos pretendidos pelo sujeito ou sujeitos declarantes se realizarem espontaneamente ou com a intervenção do Poder Judiciário.

Como se observa, os três atributos são independentes entre si. O negócio pode ser válido ou inválido, eficaz ou ineficaz, em qualquer caso. Mas, eficácia e validade dependem da existência do negócio jurídico. Só o que existe pode ser válido ou inválido, eficaz ou ineficaz. (COELHO, 2003, p. 284)

1.3.2 Classificação de negócio jurídico

Vários são os critérios de classificação dos negócios jurídicos que a doutrina reconhece. Trata-se de certas categorias que, tendo em vista elementos comuns, permitem a aproximação e diferenciação com base em variados critérios. As classificações oferecem interesse teóricos e facilitam a aplicação da norma legal". (PEREIRA, 2005, p. 496)

Dentre as classificações mais representativas podemos destacar aquela construída com base nos *sujeitos*, no *vínculo*, no caráter *patrimonial* e *oneroso*, a *forma* e a *natureza*. Assim, com base nesses elementos os negócios jurídicos, assim, podem ser classificados (COELHO, 2003, p. 285):

a) quanto aos sujeitos (singulares e plurais). Singular é o negócio jurídico praticado por apenas um sujeito (ex. testamento), e plural os praticados por duas ou mais pessoas.

b) quanto ao vínculo (unilaterais, bilaterais, plurilaterais). Este critério é definido a partir do complexo de interesses.

c) quanto ao patrimônio (patrimoniais ou extrapatrimoniais). Os patrimoniais têm por objeto bens, isto é, coisas suscetíveis de estimação pecuniária (ex. contratos, testamentos etc.). Já os extrapatrimoniais têm objeto diverso de bens, como, por exemplo, bens não precificáveis (estado civil, parentesco, doação de órgãos para transplante, o casamento e a adoção etc.)

d) quanto à onerosidade (oneroso ou gratuito). Também os patrimoniais podem ser onerosos, quando transitam bens entre os patrimônios e as partes têm bem definido o conteúdo da prestação que passarão a ter direito ou a ser titulares (ex. compra e venda). Os gratuitos não exigem uma contraprestação ou contrapartida (ex. testamento, doação).

e) quanto à forma (formais e aformais). Todos os negócios jurídicos se revestem de forma ou solenidade: escritura pública, escritura particular, oralidade, transmissão eletrônica de dados etc. (ex. testamento, casamento). Mas, existem negócios para os quais não é exigida a forma ou formalidade (ex. os contratos que têm como objeto bens de valor irrisório).

f) quanto à sua natureza (principais e acessórios). Principais são os que possuem existência independente (ex. o contrato de aluguel), e acessórios os que não podem existir sem outro (ex. a garantia legal: fiança, hipoteca ou penhor).

1.3.3 Elementos constitutivos do negócio jurídico

Os elementos constitutivos do negócio jurídico são aqueles sem os quais o negócio jurídico não chega a existir. Alguns são *essenciais*, aqueles que definem o plano de "existência" do negócio jurídico, por serem sempre são necessários, outros são *acidentais*, aqueles que definem o plano da "eficácia" que, como será explicado, nem sempre são exigidos. Vejamos.

1.3.3.1 Elementos essenciais

Os elementos essenciais são aqueles sem os quais do negócio jurídico não existem, a saber:

a) a manifestação de vontade, diz-se da declaração que poderá ser expressa (escrita ou falada) ou tácita (aquela que resulta de um comportamento do agente);

b) o agente emissor da vontade, o sujeito emissor da vontade, o sujeito de direito (pessoa natural ou jurídica) essencial à constituição ou configuração existencial do negócio jurídico. Assim, por exemplo, não há testamento se testador, não há compra e venda sem comprador;

c) o objeto, define-se como a utilidade física ou ideal em razão da qual definem-se o interesse dos sujeitos. Assim, se a intenção das partes é celebrar um contrato de compra e venda, a manifestação da vontade deverá recair na transferência da propriedade ou domínio dos bens;

d) a forma define-se como o meio pelo qual a vontade se declara e exterioriza (escrita, oral, simbólica etc.). Quando a forma escrita é estabelecida na norma se transforma em elemento essencial à existência do negócio. A forma é, conforme explica, Caio Mário, "o meio técnico que o direito institui, para a externação da vontade". (PEREIRA, 2005, p. 487)

1.3.3.2 Elementos acidentais

Assim, como referenciamos, existem elementos que não são necessários à existência do negócio jurídico, mas que definem sua eficácia.

Conforme doutrina moderna, no plano da eficácia, importa verificar se o negócio jurídico não depende de um acontecimento futuro que define a exigibilidade ou cumprimento do mesmo. Esses acontecimentos futuros são definidos como elementos acessórios ou acidentais do negócio jurídico. Vejamos.

a) Condição é o elemento acessório pelo qual se limita o efeito do negócio jurídico à ocorrência de algum acontecimento futuro e incerto. Diz-se dos fatos futuros e incertos que limitam os efeitos ou condição suspensiva (inicial) ou condição resolutiva (ou final) do negócio. Assim, por exemplo, é o caso do sujeito que se obriga a transferir a propriedade de um imóvel a outrem quando se verificar a ocorrência de um fato futuro o incerto. Assim, regulado no art. 121 do CC.

b) Termo é o elemento acessório que se define como um acontecimento futuro e certo que limita os efeitos suspensivos ou resolutivos do negócio, subordinando a eficácia jurídica de determinado ato negocial. Veja-se art. 132 do CC.

Os atos ou negócios jurídicos sem prazos são exigíveis de imediato, conforme art. 134 do CC. O termo pode ser assim classificado: *convencional* (fixado pela vontade das partes), *legal* (determinado pela lei) e *de graça* (fixado por decisão judicial: exemplo, o prazo determinado pelo juiz para que o devedor de boa-fé cumpra a sua obrigação).

c) Modo (ou encargo) é também elemento acidental do negócio jurídico por meio do qual se impõe ao beneficiário um *ônus* a ser cumprido. Diz-se de uma limitação da vontade e dos efeitos dos negócios jurídicos geralmente gratuitos, regulada nos artigos 136 e 137 do CC.

1.3.4 Defeitos dos negócios jurídicos

Na presente seção abordam-se os vícios do negócio jurídico, defeitos que impedem que a vontade expressa (ou declarada) se corresponda com interna (a verdadeira intenção do agente), prejudicando-se, assim, a validade do negócio jurídico.

Trata-se dos defeitos dos negócios jurídicos, que se classificam em vícios de consentimento, aqueles que limitam a liberdade do agente, isto é, quando "a vontade manifesta não tem, na realidade, a intenção pura e de boa-fé que enuncia". (GAGLIANO, 2006, p. 347)

A doutrina nacional classifica os vícios da seguinte maneira:

1 Vícios de consentimento

a) erro;

b) dolo;

c) coação;

d) lesão;

e) estado de perigo.

2 Vícios sociais:

f) simulação;

g) fraude contra credores.

a) Erro. Diz-se da ignorância do agente, originada pelo desconhecimento ou pelo falso conhecimento das circunstâncias do negócio jurídico. O erro é o mais elementar dos vícios do consentimento "quando o agente, por desconhecimento ou falso conhecimento das circunstâncias, age de um modo que não seria a sua vontade, se conhecesse a verdadeira situação, diz-se que procede com erro". (PEREIRA, 2005, p. 517)

Como uma das causas de anulabilidade do negócio jurídico tem-se classificado o erro da seguinte maneira:

- Erro essencial (substancial);

- Erro escusável (perdoável).

O erro essencial é definido como aquele que incide sobre a essencial (substância) do ato ou negócio jurídico. O erro substancial é prescrito nos artículos 138 e 139 do CC.

> Art. 138. São anuláveis os negócios jurídicos, quando as declarações de vontade emanarem de erro substancial que poderia ser percebido por pessoa de diligência normal, em face das circunstâncias do negócio.
>
> Art. 139. O erro é substancial quando:
> I - interessa à natureza do negócio, ao objeto principal da declaração, ou a alguma das qualidades a ele essenciais;
> II - concerne à identidade ou à qualidade essencial da pessoa a quem se refira a declaração de vontade, desde que tenha influído nesta de modo relevante;
> III - sendo de direito e não implicando recusa à aplicação da lei, for o motivo único ou principal do negócio jurídico.

Neste último se elencam as hipóteses previstas:

- Quanto à natureza e ao objeto principal da declaração, ou a alguma das qualidades a ele essenciais;

- Quanto à identidade ou à qualidade essencial da pessoa a quem se refira a declaração de vontade;

- Quanto ao direito e não implicando recusa à aplicação da lei.

b) Dolo. O dolo se define como todo artifício malicioso empregado por um dos sujeitos da relação jurídica ou por terceiro com o objetivo de prejudicar outrem, quando da celebração do negócio jurídico.

O dolo implica numa prática enganosa por meio da qual se procura induzir alguém a concordar com a realização de ato ou negócio jurídico que o prejudica. O dolo não se presume, ele deve ser provado por quem o alega. Conforme à extensão dos seus efeitos, o dolo pode ser:

- Principal (essencial, determinante ou causa);

- Acidental.

Assim, para invalidar o ato ou negócio, o dolo para ser considerado principal, deve atacar a causa do negócio em si. Quando acidental o dolo não impedirá a realização do negócio, gerando unicamente a obrigação de indenizar. Prescreve-se o dolo nos artigos 145 e seguintes do CC.

> Art. 145. São os negócios jurídicos anuláveis por dolo, quando este for a sua causa.
>
> Art. 146. O dolo acidental só obriga à satisfação das perdas e danos, e é acidental quando, a seu despeito, o negócio seria realizado, embora por outro modo.
>
> Art. 147. Nos negócios jurídicos bilaterais, o silêncio intencional de uma das partes a respeito de fato ou qualidade que a outra parte haja ignorado, constitui omissão dolosa, provando-se que sem ela o negócio não se teria celebrado.
>
> Art. 148. Pode também ser anulado o negócio jurídico por dolo de terceiro, se a parte a quem aproveite dele tivesse ou devesse ter conhecimento; em caso contrário, ainda que subsista o negócio jurídico, o terceiro responderá por todas as perdas e danos da parte a quem ludibriou.
>
> Art. 149. O dolo do representante legal de uma das partes só obriga o representado a responder civilmente até a importância do proveito que teve; se, porém, o dolo for do representante convencional, o representado responderá solidariamente com ele por perdas e danos.
>
> Art. 150. Se ambas as partes procederem com dolo, nenhuma pode alegá-lo para anular o negócio, ou reclamar indenização.

c) Coação. Define-se a coação como um ato de violência. Eis que, diferente do dolo (definido pelo ardil ou malícia), a coação traduz ameaça ou violência que objetiva constranger alguém à se aderir ou a praticar um negócio.

A coação pode ser considerada:

- *Física* (absoluta), aquela que age diretamente sobre o corpo da vítima;

- *Moral* (compulsiva), aquela que infunde na vítima um temor capaz de perturbar seu espírito, fazendo com que ela manifeste seu consentimento.

Assim, como prescrito no art. 151 do CC, a coação, para ser considerada vício do consentimento (declaração de vontade), deverá ser suficiente para induzir fundado temor de dano iminente e considerável à pessoa, à sua família, ou aos seus bens.

> Art. 151. A coação, para viciar a declaração da vontade, há de ser tal que incuta ao paciente fundado temor de dano iminente e considerável à sua pessoa, à sua família, ou aos seus bens.
> Parágrafo único. Se disser respeito a pessoa não pertencente à família do paciente, o juiz, com base nas circunstâncias, decidirá se houve coação.
>
> Art. 152. No apreciar a coação, ter-se-ão em conta o sexo, a idade, a condição, a saúde, o temperamento do paciente e todas as demais circunstâncias que possam influir na gravidade dela.
>
> Art. 153. Não se considera coação a ameaça do exercício normal de um direito, nem o simples temor reverencial.
>
> Art. 154. Vicia o negócio jurídico a coação exercida por terceiro, se dela tivesse ou devesse ter conhecimento a parte a que aproveite, e esta responderá solidariamente com aquele por perdas e danos.
>
> Art. 155. Subsistirá o negócio jurídico, se a coação decorrer de terceiro, sem que a parte a que aproveite dela tivesse ou devesse ter conhecimento; mas o autor da coação responderá por todas as perdas e danos que houver causado ao coacto.

d) Lesão. A lesão se define como um prejuízo que resulta da desproporção existente entre as prestações de um determinado negócio jurídico, em face do abuso da inexperiência, necessidade econômica ou leviandade de um dos declarantes. Diz-se de um vício que se funda na inexperiência ou necessidade de uma das partes, exploradas indevidamente pela outra.

A lesão se conhece como abuso do poder econômico e informacional de uma das partes em detrimento da outra: uma desvantagem ou desequilíbrio que origina a hipossuficiência. A lesão se prescreve no art. 157 do CC.

> Art. 157. Ocorre a lesão quando uma pessoa, sob premente necessidade, ou por inexperiência, se obriga a prestação manifestamente desproporcional ao valor da prestação oposta.
> § 1º Aprecia-se a desproporção das prestações segundo os valores vigentes ao tempo em que foi celebrado o negócio jurídico.
> § 2º Não se decretará a anulação do negócio, se for oferecido suplemento suficiente, ou se a parte favorecida concordar com a redução do proveito.

e) Estado de perigo. Define-se o estado de perigo como um defeito do negócio jurídico, muito similar ao estado de necessidade que resulta de uma situação de perigo conhecida que incide, por força, na declaração da vontade com o objetivo de salvaguardar direitos. Prescreve-se o estado de perigo no art. 156 do CC.

> Art. 156. Configura-se o estado de perigo quando alguém, premido da necessidade de salvar-se, ou a pessoa de sua família, de grave dano conhecido pela outra parte, assume obrigação excessivamente onerosa.
> Parágrafo único. Tratando-se de pessoa não pertencente à família do declarante, o juiz decidirá segundo as circunstâncias.

f) Simulação. A simulação, diferentemente dos outros vícios do consentimento aqui tratados, é verdadeira causa de nulidade e por esse motivo é tratado separadamente no art. 167 do CC: "Invalidade do Negócio Jurídico".

> Art. 167. É nulo o negócio jurídico simulado, mas subsistirá o que se dissimulou, se válido for na substância e na forma.
> § 1º Haverá simulação nos negócios jurídicos quando:
> I - aparentarem conferir ou transmitir direitos a pessoas diversas daquelas às quais realmente se conferem, ou transmitem;
> II - contiverem declaração, confissão, condição ou cláusula não verdadeira;
> III - os instrumentos particulares forem antedatados, ou pós-datados.
> § 2º Ressalvam-se os direitos de terceiros de boa-fé em face dos contraentes do negócio jurídico simulado.

A simulação é uma declaração enganosa de vontade por meio da qual se objetiva produzir efeito diverso ao indicado. Assim, por exemplo, por meio da simulação celebra-se um negócio jurídico, cujos efeitos são aparentes, em que os verdadeiros são ocultos intencionalmente. Diz-se de um vicio social que não afeta a vontade do declarante, é defeito por meio do qual se pretende burlar o ordenamento jurídico. Ela pode ser:

- *Absoluta*, a formação do negócio jurídico se dá, a partir de uma declaração que não pretende gerar efeitos jurídicos. Arquiteta-se uma situação irreal, lesiva do interesse do terceiro, pela prática de atos aparentemente perfeitos, porém ineficazes.

- *Relativa*, por meio da qual a declaração de vontade falsa tem o propósito de encobrir atos de natureza diversa, cujos efeitos são proibidos pela lei.

g) Fraude contra credores. A fraude contra credores é também um vício social que consiste na diminuição do patrimônio: na alienação ou oneração de bens, assim como a remissão de dívida, praticado pelo devedor insolvente com o propósito de prejudicar credor preexistente. Prescreve-se a fraude contra credores no art. 158 e seguintes do CC. Dispõe-se, igualmente, no art. 593 do CPC.

> Art. 158. Os negócios de transmissão gratuita de bens ou remissão de dívida, se os praticar o devedor já insolvente, ou por eles reduzido à insolvência, ainda quando o ignore, poderão ser anulados pelos credores quirografários, como lesivos dos seus direitos.
> § 1º Igual direito assiste aos credores cuja garantia se tornar insuficiente.
> § 2º Só os credores que já o eram ao tempo daqueles atos podem pleitear a anulação deles.

> Art. 159. Serão igualmente anuláveis os contratos onerosos do devedor insolvente, quando a insolvência for notória, ou houver motivo para ser conhecida do outro contratante.

> Art. 160. Se o adquirente dos bens do devedor insolvente ainda não tiver pago o preço e este for, aproximadamente, o corrente, desobrigar-se-á depositando-o em juízo, com a citação de todos os interessados.
> Parágrafo único. Se inferior, o adquirente, para conservar os bens, poderá depositar o preço que lhes corresponda ao valor real.
>
> Art. 161. A ação, nos casos dos arts. 158 e 159, poderá ser intentada contra o devedor insolvente, a pessoa que com ele celebrou a estipulação considerada fraudulenta, ou terceiros adquirentes que hajam procedido de má-fé.
>
> Art. 162. O credor quirografário, que receber do devedor insolvente o pagamento da dívida ainda não vencida, ficará obrigado a repor, em proveito do acervo sobre que se tenha de efetuar o concurso de credores, aquilo que recebeu.
>
> Art. 163. Presumem-se fraudatórias dos direitos dos outros credores as garantias de dívidas que o devedor insolvente tiver dado a algum credor.
>
> Art. 164. Presumem-se, porém, de boa-fé e valem os negócios ordinários indispensáveis à manutenção de estabelecimento mercantil, rural, ou industrial, ou à subsistência do devedor e de sua família.
>
> Art. 165. Anulados os negócios fraudulentos, a vantagem resultante reverterá em proveito do acervo sobre que se tenha de efetuar o concurso de credores.
> Parágrafo único. Se esses negócios tinham por único objeto atribuir direitos preferenciais, mediante hipoteca, penhor ou anticrese, sua invalidade importará somente na anulação da preferência ajustada.

1.3.5 Plano de validade ou eficácia do negócio jurídico

Um negócio jurídico é válido quando é conscientemente respeitado e cumprido por completo pelas partes. Isto significa dizer que os objetivos que motivaram os sujeitos ou partes integrantes do negócio se cumprem em virtude de atos ou condutas legais, morais e espontâneos.

Assim, podemos considerar válido o negócio que surte efeitos jurídicos e, por esse motivo, a doutrina costuma relacionar a validade às causas de inexistência, de nulidade e de anulabilidade do negócio jurídico. Vejamos.

1.3.5.1 Existência do negócio jurídico

Para existir o negócio jurídico é necessária a conjugação dos seus elementos essenciais: sujeito, declaração e objeto: é necessário que pelo menos um sujeito de direito emita declaração de vontade acerca de um objeto. A existência do negócio jurídico depende, portanto, de determinadas características da declaração e do objeto. A declaração deve ser intencional, deve produzir efeitos jurídicos pretendidos. Se o negócio jurídico não reúne os elementos essenciais e a juridicidade, ele não existe como tal, não pode ser válido. (COELHO, 2003, p. 310, 317)

Podemos afirmar que a existência do negócio jurídico está condicionada à própria existência e convalidação dos seus elementos essenciais. Por esse motivo no plano da existência não se cogita de invalidade ou eficácia, pois o negócio inexistente nunca poderia ser válido ou eficaz (nulo ou anulável).

Assim, por exemplo, o casamento há de ser realizado perante quem tenha autoridade para casar. Não se discute se é nulo ou ineficaz, simplesmente não existe. Por outro lado, especificamente, nos contratos, a vontade em si, não é requisito essencial, importa que exista consentimento ou convergência nas vontades como elemento essenciais desse tipo de negócio.

Resumindo, o plano existencial do negócio jurídico é definido pelos elementos constitutivos que, a seguir, explicaremos.

1.3.5.2 Nulidade do negócio jurídico

A nulidade é uma consequência negativa imposta pelo ordenamento jurídico que retira os efeitos jurídicos do negócio praticado de forma contrária ao estabelecido ou prescrito em lei.

A nulidade se caracteriza como uma sanção pela ofensa a determinados requisitos legais, isto é, pelo descumprimento dos pressupostos de validade do negócio jurídico, não devendo produzir efeito jurídico, em função do defeito que carrega em seu âmago. (GAGLIANO, 2006, p. 383)

A nulidade, de acordo, com o tipo de violação ou conflito normativo, pode ser *absoluta* (nulidade de pleno direito) ou *relativa* (anulabilidade). O Código Civil brasileiro vigente adota a expressão genérica "invalidade" para incluir as subespécies: *absoluta* e *relativa*, cuidando do tema num capítulo específico e regulando a matéria nos arts. 166 a 184. Neste sentido, todo negócio nulo ou anulável é inválido.

> Art. 166. É nulo o negócio jurídico quando:
> I - celebrado por pessoa absolutamente incapaz;
> II - for ilícito, impossível ou indeterminável o seu objeto;
> III - o motivo determinante, comum a ambas as partes, for ilícito;
> IV - não revestir a forma prescrita em lei;
> V - for preterida alguma solenidade que a lei considere essencial para a sua validade;
> VI - tiver por objetivo fraudar lei imperativa;
> VII - a lei taxativamente o declarar nulo, ou proibir-lhe a prática, sem cominar sanção.
>
> Art. 168. As nulidades dos artigos antecedentes podem ser alegadas por qualquer interessado, ou pelo Ministério Público, quando lhe couber intervir.
> Parágrafo único. As nulidades devem ser pronunciadas pelo juiz, quando conhecer do negócio jurídico ou dos seus efeitos e as encontrar provadas, não lhe sendo permitido supri-las, ainda que a requerimento das partes.

> Art. 169. O negócio jurídico nulo não é suscetível de confirmação, nem convalesce pelo decurso do tempo.

a) Nulidade absoluta, a nulidade absoluta recai sobre o ato ou negócio jurídico que viola norma de ordem pública contendo, assim, vícios graves. Assim, por exemplo, o ato ou negócio ilícito é nulo (de pleno direito). Têm-se como hipóteses legais as seguintes: art. 166, III e VI do CC. Veja-se igualmente o prescrito no art. 168 do Código Civil. Todavia, o negócio jurídico nulo não é suscetível de confirmação, nem convalesce pelo decurso do tempo, conforme prescrito no artigo 169 de igual diploma. Outra questão importante é que, diferentemente da inexistência, o ato ou negócio jurídico existe, pois, seus elementos constitutivos se verificam, mas seus efeitos legais vêm-se afeitados devido à gravidade dos vícios ou defeito.

A nulidade só repercute se for declarada judicialmente. Declarado nulo o ato ou negócio, as partes restituir-se-ão ao estado em que antes dele se achavam, e, não sendo possível, serão indenizadas com o equivalente, conforme prescrito no art. 182 do CC.

b) Nulidade relativa, a nulidade relativa recai sobre os atos ou negócios carregados de vícios menos grave, decorrendo da violação de norma que objetiva tutelar interesses privados. De acordo com o CC é anulável o negócio jurídico, além de outros casos expressamente previstos em lei por:

- Incapacidade relativa do agente;

- Vício resultante do erro, dolo, coação, estado de perigo, lesão ou fraude contra credores.

> Art. 171. Além dos casos expressamente declarados na lei, é anulável o negócio jurídico:
> I - por incapacidade relativa do agente;
> II - por vício resultante de erro, dolo, coação, estado de perigo, lesão ou fraude contra credores.
>
> Art. 172. O negócio anulável pode ser confirmado pelas partes, salvo direito de terceiro.
>
> Art. 173. O ato de confirmação deve conter a substância do negócio celebrado e a vontade expressa de mantê-lo.
>
> Art. 174. É escusada a confirmação expressa, quando o negócio já foi cumprido em parte pelo devedor, ciente do vício que o inquinava.
>
> Art. 175. A confirmação expressa, ou a execução voluntária de negócio anulável, nos termos dos arts. 172 a 174, importa a extinção de todas as ações, ou exceções, de que contra ele dispusesse o devedor.

> Art. 176. Quando a anulabilidade do ato resultar da falta de autorização de terceiro, será validado se este a der posteriormente.
>
> Art. 177. A anulabilidade não tem efeito antes de julgada por sentença, nem se pronuncia de ofício; só os interessados a podem alegar, e aproveita exclusivamente aos que a alegarem, salvo o caso de solidariedade ou indivisibilidade.
>
> Art. 178. É de quatro anos o prazo de decadência para pleitear-se a anulação do negócio jurídico, contado:
> I - no caso de coação, do dia em que ela cessar;
> II - no de erro, dolo, fraude contra credores, estado de perigo ou lesão, do dia em que se realizou o negócio jurídico;
> III - no de atos de incapazes, do dia em que cessar a incapacidade.
>
> Art. 179. Quando a lei dispuser que determinado ato é anulável, sem estabelecer prazo para pleitear-se a anulação, será este de dois anos, a contar da data da conclusão do ato.
>
> Art. 180. O menor, entre dezesseis e dezoito anos, não pode, para eximir-se de uma obrigação, invocar a sua idade se dolosamente a ocultou quando inquirido pela outra parte, ou se, no ato de obrigar-se, declarou-se maior.
>
> Art. 181. Ninguém pode reclamar o que, por uma obrigação anulada, pagou a um incapaz, se não provar que reverteu em proveito dele a importância paga.
>
> Art. 182. Anulado o negócio jurídico, restituir-se-ão as partes ao estado em que antes dele se achavam, e, não sendo possível restituí-las, serão indenizadas com o equivalente.
>
> Art. 183. A invalidade do instrumento não induz a do negócio jurídico sempre que este puder provar-se por outro meio.
>
> Art. 184. Respeitada a intenção das partes, a invalidade parcial de um negócio jurídico não o prejudicará na parte válida, se esta for separável; a invalidade da obrigação principal implica a das obrigações acessórias, mas a destas não induz a da obrigação principal.

Veja-se que o Código Civil considera a simulação como uma das causas da nulidade absoluta (art. 167), inserindo, no campo da anulabilidade, dois novos defeitos: a lesão e o estado de perigo. Diferentemente da nulidade absoluta, a relativa não poderá ser pronunciada de ofício, exigindo, pois, para o seu reconhecimento, alegação dos legítimos interessados, conforme art. 177 do Código Civil. Todavia, a impugnação do ato anulável dá-se por meio de ação anulatória de negócio jurídico, cujo prazo decadencial é de quatro anos (art. 178 do CC), contando-se da seguinte forma:

- No caso de coação, do dia em que ela cessar;

- No de erro, dolo, fraude contra credores, estado de perigo ou lesão, do dia em que se realizou o negócio jurídico;

- No de atos de incapazes, do dia em que cessar a incapacidade.

Este prazo é reduzido para dois anos no caso de a nora legal não estabelecer prazo para a anulação, conforme estabelecido no art. 179 do CC. Diferentemente da nulidade, o negócio anulável pode ser confirmado ou ratificado pelas partes, salvo direito de terceiro. (art. 172 do CC)

Assim, como a doutrina moderna resume (GAGLIANO, 2006, p. 383) o ato ou negócio nulo: atinge interesse público, opera de pleno direito, não admite confirmação, pode ser arguida pelas partes, por terceiro interessado, pelo Ministério Público ou pronunciada de ofício pelo juiz, pode ser reconhecida a qualquer tempo, não se sujeitando a prazo prescricional ou decadencial.

Já, o ato ou negócio jurídico anulável: atinge interesses particulares e legalmente tutelados, não se opera de pleno direito, admite confirmação expressa ou tácita, somente pode ser arguida pelos legítimos interessados, a ação anulatória é decidida por sentença de natureza desconstitutiva do efeito *ex tunc*, somente pode ser arguida, pela via judicial, em prazos decadenciais de quatro (regra geral) ou dois (regra supletiva) anos, salvo norma específica em sentido contrário.

Resumindo, três são os requisitos de validade do negócio jurídico: a) agente capaz; b) objeto lícito, possível e determinado ou determinável; c) forma prescrita ou não defesa em lei (COELHO, 2003, p. 321). Vejam-se os art. 3º e 4º e 117 do CC.

1.3.6 Prova do negócio jurídico

Os negócios formais são provados exclusivamente pela exibição do instrumento compatível com o atendimento da forma especial exigida por lei. Assim, por exemplo, não se admite prova da existência do casamento a não ser pela certidão expedida pelo Registro Civil de Pessoa Naturais em que se encontra lavrado o negócio jurídico. Um testamento, por exemplo, não pode ser provado por outros meios a não ser pela escritura pública passada no tabelionato (*testamento público*) (COELHO, 2003, p. 313). Regula-se, assim, no art. 215 do CC os requisitos formais da escritura pública.

Assim, ensina Fábio Ulhoa (COELHO, 2003, p. 315-316), os negócios aformais, por sua vez, provam-se mediante: a) Confissão (CC, art. 213); b) Documento (CC, art. 215); c) Testemunhas (CC, art. 227); d) Presunção (CC, 212); e) Perícia (CC, 232). Tais são as chamadas prova em espécie do negócio jurídico. A saber:

a) Confissão (CC, art. 212-213). Entende-se como o reconhecimento livre da veracidade do fato que a outra parte da relação jurídica ou do próprio negócio pretende provar. Conforme o art. 348 a 354 do CPC: "há confissão, quando a parte admite a verdade de um fato, contrário ao seu interesse e favorável ao adversário. A confissão é judicial e extrajudicial".

b) Documento (CC, art. 215, 221). Entende-se como um meio de prova, por ser um escrito representativo de um determinado fato jurídico. Os documentos podem ser: *público*, formado por oficial público, no exercício de suas funções e na forma de lei e; *particulares*, formados por particulares ou firmados pelas próprias partes.

c) Testemunhas (CC, art. 227). A prova testemunhal poderá ser usada para atos e negócios. Assim, como também disciplinado nos artigos 400 e 419 do CPC.

d) Presunção (CC, 212). A presunção é também um meio de prova do ato ou negócio. Definida como operação mental pela qual, partindo-se de um fato conhecido, chega-se a um fato desconhecido e admitido como verdadeiro.

e) Perícia (CC, 232). A perícia também é um meio de prova do fato, ato ou negócio jurídico. Diz-se da expressão utilizada no lugar do "exame e vistoria", usadas na legislação revogada. A perícia é disciplinada igualmente nos arts. 420 a 439 do CPC.

1.4 Atos ilícitos

Considera-se lícito o ato ou a conduta que é conforme a lei, isto é, aquela que não viola ou contraria o prescrito no ordenamento jurídico. Já, é ilícito todo ato ou conduta contrária ao ordenamento jurídico. O ato ilícito, neste sentido, é todo procedimento ou conduta que está em desacordo com a ordem legal, sendo, assim, lesivo do direito de outrem. Assim, prescreve-se no CC.

> Art. 186. Aquele que, por ação ou omissão voluntária, negligência ou imprudência, violar direito e causar dano a outrem, ainda que exclusivamente moral, comete ato ilícito.
>
> Art. 188. Não constituem atos ilícitos:
> I - os praticados em legítima defesa ou no exercício regular de um direito reconhecido;
> II - a deterioração ou destruição da coisa alheia, ou a lesão a pessoa, a fim de remover perigo iminente.
> Parágrafo único. No caso do inciso II, o ato será legítimo somente quando as circunstâncias o tornarem absolutamente necessário, não excedendo os limites do indispensável para a remoção do perigo.

Contudo, por ser lesivo do direito de outrem o ato lícito é gerador de obrigações (responsabilidade), pois dele emana a "obrigatoriedade da reparação, que se impõe àquele que, transgredindo a norma, causa dano a outrem". (PEREIRA, 2005, p. 653)

Em suma, o ato ilícito pode ser definido como aquele ato voluntário e consciente que transgrede um dever jurídico prescrito em lei. (CAVALIERI FILHO, 2014)

1.5 Abuso de direito

O legislador brasileiro igualmente cuidou do abuso de direito nos artigos 187 do CC. A teoria em questão se funda no abuso que deriva do excesso injustificado do uso de um direito.

> Art. 187. Também comete ato ilícito o titular de um direito que, ao exercê-lo, excede manifestamente os limites impostos pelo seu fim econômico ou social, pela boa-fé ou pelos bons costumes.

O abuso do direito não significa "que o agente tenha a intenção de prejudicar terceiro, bastando, segundo a interpretação do texto legal, que exceda manifestamente os limites impostos pela finalidade econômica ou social, pela boa-fé ou pelos bons costumes". Assim, supõe-se que, ao aplicar o direito relativo a esta teoria, o juiz deverá recorrer à regra do artigo 5º da Lei de Introdução às Normas do Direito Brasileiro: "Na aplicação da lei, o juiz atenderá aos fins sociais a que ela se dirige e às exigências do bem comum". (GAGLIANO, 2005, p. 446)

Assim, considera-se que há abuso de direito quando seu exercício não está de acordo com a finalidade social: boa-fé, bons costumes. Observa-se, assim, a funcionalidade do direito e não o direito em se mesmo. A título de exemplo, citam-se as seguintes hipóteses (GAGLIANO, 2005, p. 447): a) o abuso que deriva da negativa injustificada, causadora de prejuízo, de contratar, após o proponente nutrir a legítima expectativa da outra parte; b) o abuso que deriva do uso excessivo do direito da propriedade em face da agressão ao meio ambiente e; c) os prejuízos que derivam do uso abusivo do direito de greve etc.

1.6 Responsabilidade por atos ilícitos

Do ponto de vista jurídico o vocábulo "responsabilidade" pode significar a sujeição de uma pessoa que vulnera um dever de conduta legalmente imposto em interesse de outro ou outros, do qual deriva a reparação do dano produzido. (DÍEZ-PICAZO, 1995, p. 820)

Existem, contudo, diversas maneira de classificar a responsabilidade:

a) a responsabilidade contratual; derivada da violação de um dever que tem como causa o contrato;

b) a responsabilidade extracontratual (*aquiliana*); derivada dos danos causados pela violação de um dever (*neminem laedere*) quer uma abstenção quer um comportamento lesivo abrangendo também a responsabilidade derivada dos crimes.

Diz-se que a responsabilidade extracontratual foi a primeira forma de expressão da responsabilidade jurídica. No direito romano, por exemplo, a obrigação derivada do dano incluía todos os casos de crimes culposos e se fundamentava na *Lex Aquilia*, que serviu para estruturar um sistema mais ou menos teórico sobre a responsabilidade civil. (VALPUESTA, 1995, p. 472)

Sociedades primitivas adotaram a vingança como uma das formas de ressarcimento dos danos causados, tem-se como exemplo as disposições verificadas na Lei das XII Tábuas (BONFANTE, 1944). Mudanças positivas constataram-se num período posterior, ao ser modificado o direito por meio da *Lex Aquilia de damno*, estabelecendo-se, assim, as bases para o ressarcimento dos danos (responsabilidade pecuniária). Já, na época medieval logrou-se distinguir a responsabilidade derivada dos atos ou condutas *dolosas* e *culposas*, distinguindo-se, todavia, a responsabilidade *civil* da *penal*.

Convém conceber a *responsabilidade civil* como um meio de se obter, através da aplicação de medidas que obrigam a reparar o dano "moral" ou "patrimonial", uma compensação resultante de ações ou de omissões provocadas por pessoas, animais e coisas.

Diz-se que a responsabilidade civil deriva da agressão a um interesse eminentemente particular, sujeitando o infrator, ao pagamento de uma compensação pecuniária à vitima, caso não possa repor *in natura* o estado anterior de coisas, decompondo-se, assim, nos seguintes elementos: a) conduta (ação ou omissão positiva ou negativa); b) dano; c) nexo de causalidade. (GAGLIANO, 2005, p. 9)

De acordo com o estabelecido no Código Civil Brasileiro (artigo 186) comete ato ilícito, aquele que, por ação ou omissão voluntária, negligência ou imprudência, violar direito e causar dano a outrem, ainda que exclusivamente moral. Também comete ato ilícito o titular de um direito que, ao exercê-lo, excede manifestamente os limites impostos pelo seu fim econômico ou social, pela boa-fé ou pelos bons costumes. (Art. 187 do Código Civil de 2002).

Do ponto de vista normativo, o legislador brasileiro dispõe uma dada consequência jurídica para tais casos; uma responsabilidade jurídica civil definida como a obrigação de reparar os danos causados; assim como se lemos: "*Aquele que, por ato ilícito (arts. 186 e 187), causar dano a outrem, fica obrigado a repará-lo*". Todavia, haverá obrigação de reparar o dano, independentemente de culpa, nos casos especificados em lei, ou quando a atividade normalmente desenvolvida pelo autor do dano implicar, por sua natureza, risco para os direitos de outrem. (Art. 927 do Código Civil de 2002).

Em essência, a finalidade almejada com o reconhecimento da responsabilidade civil é a de poder compensar juridicamente os danos causados. Logo, a responsabilidade civil apresenta-se como um recurso, em primeiro lugar, opera de acordo com a gravidade do dano causado e, em segundo lugar, pode ser exigível (transmissível) a terceiras pessoas dentro dos limites impostos pela lei e a natureza das obrigações (obrigações não personalíssimas).

Interessantes exceções constatam-se nas regras dos artigos 188, 929 e 930 do Código Civil de 2002, nos quais dispõe-se, entre outras coisas, que não constituem atos ilícitos: a) os praticados em legítima defesa ou no exercício regular de um direito reconhecido; b) a deterioração ou destruição da coisa alheia, ou a lesão a pessoa, a fim de remover perigo iminente. Neste último caso considerar-se-á legítimo o ato somente quando as circunstâncias o tornarem absolutamente necessário, não excedendo os limites do indispensável para a remoção do perigo. Igualmente, se a pessoa lesada (ou o dono da coisa) não forem culpados do perigo, assistir-lhes-á direito à indenização do prejuízo que sofreram.

Interligado aos anteriores incisos encontra-se a seguinte hipótese: se o perigo ocorrer por culpa de terceiro, contra este terá o autor do dano ação regressiva para haver a importância que tiver ressarcido ao lesado. Sendo que, a mesma ação competirá contra aquele em defesa de quem se causou o dano. (Vejam-se os artigos 929 e 930 do Código Civil de 2002)

Deve-se notar que o legislador brasileiro, ao prescrever a *obrigação de reparar o dano* (artigo 927) considerou como premissas principais:

1. a existência de uma ação ou omissão voluntária, negligência ou imprudência antijurídica e causadora de danos, ainda que exclusivamente moral (*ato ilícito*). (Art. 186 do Código Civil de 2002);

2. o exercício do direito excedendo manifestamente os limites impostos pelo seu fim econômico ou social, pela boa-fé ou pelos bons costumes (Art. 187 do Código Civil de 2002).

Como visto, o caráter lícito ou ilícito do ato jurídico é causa da obrigação de ressarcir os danos, segundo se estabelece nos artigos 929 e 930. Igualmente, verifica-se a culpa e se avalia a responsabilidade dos atos, segundo as regras do próprio Código Civil, *verbi gratia*, vejam-se os artigos 941, 942, 946, 948.[5]

Contudo, visualiza-se a reparação do dano como uma necessidade evidente de compensar os efeitos negativos que recaem nas pessoas lesadas, se fazendo possível a restituição do *statu quo* anterior ao *ato ilícito*. Como citado, viabiliza-se tal compensação por meio dos bens dos responsáveis pela ofensa (artigo 942).

Em suma, o conteúdo da responsabilidade civil diz respeito à integridade e não à parcialidade na restituição da coisa.

1.7 Prescrição e Decadência

O tempo é o elemento comum que determina na conclusão das relações jurídicas em face do cumprimento das obrigações.

Quem é primeiro no tempo é o primeiro no direito. Significa dizer que o transcurso do tempo repercuta no exercício de um direito. Contudo, o transcurso do tempo é, de fato, uma causa da extinção do direito e, fundamentalmente, de uma ação, em virtude da inércia de seu titular.

Assim, a doutrina define a prescrição como o modo pelo qual se extingue um direito pela sua não exigência durante certo tempo.

Ora, o decurso do tempo tem grande influência na aquisição e na extinção de direitos. Distinguem-se, assim, duas espécies de prescrição: a *extintiva* e a *aquisitiva*, também chamada de usucapião. Igualmente, existe uma preocupação histórica com a distinção dos conceitos prescrição e caducidade. Diz-se de uma confusão conceitual não resolvido adequadamente pela doutrina. Pensa-se que, para evitar um conflito terminológico, e por

---

[5] Art. 941. "*As penas previstas nos arts. 939 e 940 não se aplicarão quando o autor desistir da ação antes de contestada a lide, salvo ao réu o direito de haver indenização por algum prejuízo que prove ter sofrido*".
Art. 942. "*Os bens do responsável pela ofensa ou violação do direito de outrem ficam sujeitos à reparação do dano causado; e, se a ofensa tiver mais de um autor, todos responderão solidariamente pela reparação*".
"*Parágrafo único. São solidariamente responsáveis com os autores os co-autores e as pessoas designadas no art. 932*".
Art. 946. "*Se a obrigação for indeterminada, e não houver na lei ou no contrato disposição fixando a indenização devida pelo inadimplente, apurar-se-á o valor das perdas e danos na forma que a lei processual determinar*".
Art. 947. "*Se o devedor não puder cumprir a prestação na espécie ajustada, substituir-se-á pelo seu valor, em moeda corrente*".
Art. 948. "*No caso de homicídio, a indenização consiste, sem excluir outras reparações:*
I - no pagamento das despesas com o tratamento da vítima, seu funeral e o luto da família;
II - na prestação de alimentos às pessoas a quem o morto os devia, levando-se em conta a duração provável da vida da vítima".

serem institutos bem próximos e parecidos, no Código Civil de 2002 optou-se por uma fórmula que elimina qualquer dúvida: os prazos de prescrição são, apenas e exclusivamente os discriminados na Parte Geral, nos arts. 205 (regra geral) e 206 (regra especial), sendo a decadência todos os demais, estabelecidos como complemento de cada artigo que rege a matéria. Todavia, para se evitar a discussão acerca do que é objeto de extinção: o direito, a ação ou a pretensão, o legislador adotou pela tese da prescrição da *pretensão*, por ser considerada a mais condizente com o Direito Processual contemporâneo. (GONÇALVES, 2005, p. 467-468)

Assim, prescreve a pretensão, também prescrita no art. 189 do CC: "*violado o direito, nasce para o titular a pretensão, a qual se extingue, pela prescrição, nos prazos a que aludem os arts. 205 e 206*".

Chama-se prescrição aquisitiva ou usucapião a aquisição do direito real pelo decurso do tempo, e é instituída em favor daquele que tiver, com ânimo de dono. A prescrição aquisitiva não é apenas função do tempo, conforme salientado. Adicionam-se lhe outros requisitos, porém um está sempre presente: a posse. (PEREIRA, 2005, p. 681)

1.7.1 Pretensões imprescritíveis

A doutrina aponta várias pretensões imprescritíveis. Assim, não prescrevem as pretensões relativas (GONÇALVES, 2005, p. 470):

a) aos direitos da personalidade (como é são os casos do direito à honra, à vida, à liberdade, à integridade física ou moral, à imagem, ao nome, às obras literárias, artísticas ou científicas etc.;

b) ao estado das pessoas (filiação, cidadania, condição conjugal, separação conjugal, interdição, investigação de paternidade etc.);

c) ao exercício facultativo (as destinadas a extinguir o condomínio, divisão e venda de coisa comum, art. 1.320 do CC, a de pedir meação no muro vizinho (CC, arts. 1.297 e 1.327) etc.;

d) aso bens públicos de qualquer natureza;

e) ao direito de propriedade que é perpétuo;

f) aos bens confiados à guarda de outrem, a título de depósito, penhor ou mandato;

g) à anulação de inscrição do nome empresarial (art. 1.167 do CC).

Capítulo 2
Direito de Propriedade

Neste capítulo cuidaremos de um dos direitos básicos à convivência social, disciplina por meio da qual o Estado coloca limites ao uso e disposição das coisas próprias e alheias.

Decerto que o Direito de Propriedade, também chamado de Direito Reais ou Direito das Coisas, vem a ser um conjunto de normas que regem as relações jurídicas concernentes aos bens materiais ou imateriais suscetíveis de apropriação pelo homem. Infere-se desta definição que este direito visa regulamentar as relações entre os homens em torno dos bens (coisas), traçando normas tanto para a aquisição e o exercício, conservação e perda de poder dos homens sobre esses bens como para os meios de sua utilização econômica. (DINIZ, 2007, p. 3)

2.1 Direito de propriedade

O vocábulo propriedade vem do latim *proprietas*, derivado de *proprius*, designando o que pertence a uma pessoa. Assim, a propriedade indica uma relação jurídica de apropriação de um certo bem corpóreo ou incorpóreo. (DINIZ, 2007, p. 112)

Podemos considerar o Direito de Propriedade como o mais importante dos direitos reais. Todos os demais institutos desse ramo de direito civil se definem como exteriorização (posse), desdobramento (usufruto, uso etc.) ou limitação (servidão e direitos reais de garantia) do direito de propriedade. Observa-se que este direito não leva, unicamente em conta os interesses do proprietário, mas também o dos não proprietários que igualmente gravitam em torno da coisa objeto do direito. Eis que, de fato, hodiernamente, o Direito de Propriedade atenta à função social. Nesse sentido, a propriedade deve estar apta a cumprir simultaneamente as funções individual e social que dela se espera. (COELHO, 2006, p. 59)

2.2 Classificação da propriedade

A doutrina nacional classifica a propriedade da seguinte maneira:

a) Propriedade corpórea ou incorpórea. Conforme ao objeto da propriedade ele pode ser um bem corpóreo ou incorpóreo. Os corpóreos são bens dotados de existência física (material). Já os incorpóreos não têm existência material ou física, porém imaterial ou intelectual, assim, por exemplo, as marcas registradas, patentes e invenções etc.

Assim, ensina Fabio Ulhoa (2006, p. 60), da propriedade corpórea se ocupa o direito das coisas. Já, a incorpórea está disciplinada em normas esparsas, a exemplo da propriedade intelectual. Todavia, a propriedade corpórea, denominada de domínio, está disciplinada nos arts. 1.228 e seguintes do Código Civil e é objeto de estudo do direito das coisas.

b) Propriedade imobiliária ou mobiliária. Esta classificação considera a natureza dos bens móveis e imóveis. Como já estudado, "móveis são os bens suscetíveis de movimento próprio, ou de remoção por força alheia, sem alteração da substância ou da destinação, ou de remoção por força alheia, sem alteração da sustância ou da destinação econômico-social", conforme regulado no art. 82 do CC., (exemplos: um veículo, um livro, um celular), Por outro lado, imóveis são aqueles bens que não são suscetíveis de movimento, por impossibilidade física ou imposta pela sua natureza (exemplos: um terreno, uma casa, um prédio).

c) Propriedade plena ou restrita. A propriedade pode ser plena, quando não existe nenhuma limitação ao exercício do seu direito, isto é, "quando todos os seus elementos constitutivos se acham reunidos na pessoa do proprietário, ou seja, quando seu titular pode usar, gozar e dispor do bem de modo absoluto, exclusivo e perpétuo, bem como reivindicá-lo de quem, injustamente, o detenha". (DINIZ, 2007, p. 120)

Por outro lado, considera-se restrita a propriedade em que o exercício do direito limita-se a cláusulas estabelecidas no próprio negócio e imposta pelo seu titula. Assim, a *restrição ou limitação*, depende de alguns dos poderes de um sujeito que objetiva preserva-la. Esta limitação se faz presente, por exemplo, no usufruto, onde limitada é a propriedade do proprietário, pois o usufrutuário tem sobre a coisa o uso e gozo. Todavia, limitado é o domínio gravado com cláusula de inalienabilidade, já que o seu proprietário privado está do direito de dispor do bem. (DINIZ, 2007, p. 120)

d) Propriedade singular ou copropriedade. Este critério de classificação leva em consideração a quantidade de titulares do direito de propriedade. Assim sendo, singular é aquela em que um só sujeito de direito, pessoa física ou jurídica é o proprietário. Já, a copropriedade (exemplos: condomínio, comunhão ou propriedade coletiva) se constitui com base na existência ou presença de vários sujeitos ou proprietários.

e) Propriedade perpétua ou resolúvel. A propriedade é perpétua no sentido de durar enquanto dure o interesse do proprietário (exemplo: o proprietário de um terreno é seu dono em quanto viver ou o alienar (vender). É resolúvel quando está sujeita a uma condição imposta. Assim, por exemplo, é resolúvel a propriedade fiduciária, por meio da qual "o devedor aliena ao credor um bem, sob a condição de voltar a titular a propriedade quando pagar a dívida no vencimento". Encontram-se também exemplos de propriedade resolúvel no fideicomisso, na doação com reversão e no contrato de compra e venda com cláusula de retrovenda. No fideicomisso, o testador define para quem a herança ou legado deve ser transmitido quando do falecimento do herdeiro ou legatário (CC. Art. 1951). Na doação com reversão, o doador estabelece que, se sobreviver ao donatário, o bem doado retorna à sua propriedade (Art. 547 CC). Na retrovenda, o vendedor de imóvel reserva-se o direito de recobrar a propriedade do bem no prazo máximo de três anos, mediante restituição do preço e o reembolso das despesas do comprador (art. 505). (COELHO, 2006, p. 62-63)

2.3 Poderes do proprietário

O direito de propriedade limita e impede a participação de terceiros sobre o direito alheio, isto é, ele dispõe e impõe, por meio legais, que qualquer pessoa, contra a vontade do proprietário, possa desfrutar do bem ou do patrimônio do proprietário. Assim, a lei presume exclusividade (CC. Art. 1.231), de modo a imputar ao não proprietário interessado em extrair do bem qualquer proveito e a necessidade de provar seu direito sobre o bem. (COELHO, 2006, p. 62-64)

Neste sentido, enumeram-se os poderes do proprietário no art. 1.228 do CC, a saber, usar, gozar, dispor e reivindicar.

> Art. 1.228. O proprietário tem a faculdade de usar, gozar e dispor da coisa, e o direito de reavê-la do poder de quem quer que injustamente a possua ou detenha.
> § 1º O direito de propriedade deve ser exercido em consonância com as suas finalidades econômicas e sociais e de modo que sejam preservados, de conformidade com o estabelecido em lei especial, a flora, a fauna, as belezas naturais, o equilíbrio ecológico e o patrimônio histórico e artístico, bem como evitada a poluição do ar e das águas.
> § 2º São defesos os atos que não trazem ao proprietário qualquer comodidade, ou utilidade, e sejam animados pela intenção de prejudicar outrem.

> § 3º O proprietário pode ser privado da coisa, nos casos de desapropriação, por necessidade ou utilidade pública ou interesse social, bem como no de requisição, em caso de perigo público iminente.
> § 4º O proprietário também pode ser privado da coisa se o imóvel reivindicado consistir em extensa área, na posse ininterrupta e de boa-fé, por mais de cinco anos, de considerável número de pessoas, e estas nela houverem realizado, em conjunto ou separadamente, obras e serviços considerados pelo juiz de interesse social e econômico relevante.
> § 5º No caso do parágrafo antecedente, o juiz fixará a justa indenização devida ao proprietário; pago o preço, valerá a sentença como título para o registro do imóvel em nome dos possuidores. (Grifo nosso)

Vejamos:

a) Usar. O poder de usar significa desfrutar dos proveitos proporcionados pelo bem. Contudo, este poder não é ilimitado, ele está sujeito à função social da propriedade, motivo pelo qual o uso não pode acarretar prejuízos aos interesses coletivos (sociais). Assim, por exemplo, deve o proprietário respeitar os direitos garantidos constitucionalmente, o direito de ir e vir de um vizinho, o meio ambiente, a convivência etc.

b) Gozar. O poder de usar é o próprio poder de usufruir, de explorar o bem. Veja-se art. 1.232 do CC: "Os frutos e mais produtos da coisa pertencem, ainda quando separados, ao seu proprietário, salvo se, por preceito jurídico especial, couberem a outrem".

c) Dispor. O poder de dispor se refere ao direito de alienar, destruir, reformar, fundir ou alterar ou abandonar o bem conforme ao interesse do proprietário. Como visto, este poder encontra sua limitação na função social da propriedade.

d) Reivindicar. O poder de reivindicar significa que o proprietário pode reivindicar o bem das mãos de quem injustamente o possui ou detém (exigir e conseguir a devolução). Veja-se, art. 1.228 do CC.

2.4 Limitações constitucionais e legais do direito de propriedade

A Constituição Federal, art. 5º, XXII, ao garantir o direito de propriedade considerou a questão das suas restrições, que reaparece em forma analítica no art. 170 sob o título "Da ordem econômica e social", que tem por escopo realizar o desenvolvimento nacional e a justiça social com base nos princípios: liberdade de iniciativa; valorização do trabalho como condição da dignidade humana; função social da propriedade; harmonia e solidariedade entre as categorias sociais de produção; repressão não só ao abuso do poder econômico, caracterizado pelo domínio dos mercados, como também à eliminação da concorrência e ao aumento arbitrário do lucro e expansão das oportunidades de emprego produtivo. Em tudo isso há limitações ao direito da propriedade. (DINIZ, 2007, p. 112)

> Constituição Federal
>
> Art. 5º Todos são iguais perante a lei, sem distinção de qualquer natureza, garantindo-se aos brasileiros e aos estrangeiros residentes no País a inviolabilidade do direito à vida, à liberdade, à igualdade, à segurança e à propriedade, nos termos seguintes:
>
> [...]
>
> XXII - é garantido o direito de propriedade;
>
> [...]
>
> Art. 170. A ordem econômica, fundada na valorização do trabalho humano e na livre iniciativa, tem por fim assegurar a todos existência digna, conforme os ditames da justiça social, observados os seguintes princípios:
> I - soberania nacional;
> II - propriedade privada;
> III - função social da propriedade;
> IV - livre concorrência;
> V - defesa do consumidor;
> VI - defesa do meio ambiente, inclusive mediante tratamento diferenciado conforme o impacto ambiental dos produtos e serviços e de seus processos de elaboração e prestação;
> VII - redução das desigualdades regionais e sociais;
> VIII - busca do pleno emprego;
> IX - tratamento favorecido para as empresas de pequeno porte constituídas sob as leis brasileiras e que tenham sua sede e administração no País.
>
> Parágrafo único. É assegurado a todos o livre exercício de qualquer atividade econômica, independentemente de autorização de órgãos públicos, salvo nos casos previstos em lei. (Grifo nosso)

Dispõe-se, igualmente, no seu artigo 5º XXIV, sobre a desapropriação por necessidade ou utilidade pública e por interesse social, mediante prévia e justa indenização em dinheiro; no art. 182, § 3º, dispõe que as desapropriações de imóveis urbanos serão feitas com prévia e justa indenização em dinheiro. E no § 4º, III a desapropriação com pagamento mediante títulos da dívida pública de emissão previamente aprovada pelo Senado Federal, com prazo de resgate de até dez anos, em parcelas anuais, iguais e sucessivas, assegurados o valor real da indenização e os juros legais. No art. 184 se dispõe que compete à União desapropriar por interesse social, para fins de reforma agrária, o imóvel rural que não esteja cumprindo sua função social, mediante prévia e justa indenização em títulos da dívida agrária, com cláusula de preservação do valor real, resgatáveis no prazo de até vinte anos, a partir do segundo ano de sua emissão, e cuja utilização será definida em lei.

No art. 5, XXV se estabelece que, no caso de iminente perigo público, a autoridade competente poderá usar de propriedade particular, assegurada ao proprietário indenização ulterior, se houver dano.

No art. 176 se dispõe que as jazidas, em lavra ou não, e demais recursos minerais e os potenciais de energia hidráulica constituem propriedade distinta da do solo, para efeito de exploração ou aproveitamento, e pertencem à União, garantida ao concessionário a propriedade do produto da lavra.

Em suma, as limitações ao direito de propriedade estabelecida no ordenamento jurídico nacional visam privilegiar os interesses coletivos (ou difusos) ou metaindividuais. Assim, cinco são as limitações à propriedade.

a) Função social. Significa que a propriedade não pode ser incompatível com a função social, conceito jurídico bastante amplo e que inclui a proteção ao patrimônio cultural, o tombamento, o meio ambiente etc.

b) Desapropriação e requisição. Define-se como a transferência compulsória da propriedade do particular para o Estado, com o objetivo de atender a interesses públicos de natureza permanente, pressupondo a prévia e justa indenização do proprietário e se executa mediante acordo com este ou decisão judicial. (COELHO, 2006, p. 70)

c) Limitações administrativas. Elas são estabelecidas em norma jurídica limitado o uso e a circulação. Assim, por exemplo, o rodizio de carro, restrição à poluição sonora, a preservação do patrimônio histórico etc.

d) Direito de vizinhança. Diz-se das limitações à propriedade que objetivam o respeito aso direitos de outrem, garantindo a convivência e a harmonia entres vizinhos.

e) Coibição ao abuso do direito de propriedade. Significa que o direito deve ser exercido sem abuso. Assim, que usa e desfruta de um bem de modo a não ter proveito, incorre em ato ilícito se causar prejuízo a outrem.

2.5 Bens

Bem, afirma Fábio Ulhoa (2003, p. 264), é tudo o que pode ser pecuniariamente estimável, isto é, avaliado em dinheiro. Considera-se bens, assim, uma casa, o automóvel, uma obra de arte etc. São bens (semoventes), igualmente, os animais, a energia elétrica etc. cuja valorização pode ser quantificada. Todavia, são considerados bens jurídicos quaisquer direitos passíveis de estimação econômica, como o crédito, as obrigações, direitos autorais, direitos relativos à imagem e outros.

Nem todos os bens interessam ao direito das coisas, pois o homem só se apropria de bens úteis à satisfação de suas necessidades. (DINIZ, 2007, p. 4)

2.5.1 Aspectos semânticos dos bens

Com muita frequência semanticamente se utilizam indistintamente os vocábulos *bem* e *coisa*. Porém entre essas palavras há diferenças que as doutrinas nacional e estrangeira se importam em destacar.

Define-se coisa como tudo objeto que existe para além do ser humano, isto é, "como tudo o que existe além dos sujeitos de direto. Os bens são *coisas* valiosas e suscetíveis de precificação, isto é, de avaliação pecuniária". (COELHO, 2003, p. 264)

O ar atmosférico, um pedaço de madeira, uma pedra bruta, por exemplo, são coisas, passam a serem considerados bens quando adquirem um valor econômico no mercado de consumo, pelo fato de sua transformação em coisas valiosas.

Existem, portanto, determinadas características nos bens que não são apreciadas nas coisas, a saber: a) o seu valor econômico (que permite a sua introdução no mercado como mercancia ou mercadoria); b) a sua possibilidade de apropriação e; c) o seu valor de uso. Assim, podemos concluir que os astros (estrelas e planetas) são coisas e não bens.

2.5.2 Classificação dos bens: bens públicos e privados

Muito variada é a classificação dos bens adotada pelo legislador e pelas diversas doutrinas advindas do direito civil. Vejamos.

a) móvel e imóvel: Bem móvel são aquele que pode ser removido ou trasladado de lugar se que se afete a sua natureza. Bem imóvel são aqueles que não pode ser mudado ou trasladado de lugar sem que se afete a sua natureza.

b) corpóreos e incorpóreos: Bem corpóreo ou materiais são aqueles dotados de existência física, enquanto os incorpóreos (ou imateriais) são meramente bens ideais ou conceituais, ex: créditos.

c) fungíveis e infungíveis: Fungíveis são os bens que podem ser substituídos por outros da mesma espécie e quantidade (CC, art. 85). Já, os infungíveis são aqueles que não podem ser substituídos.

d) consumíveis e inconsumíveis: Bens consumíveis são aqueles que perecem com seu consumo (primeiro e único uso). Inconsumíveis são os que podem ser usados sem que pereça a sua natureza. (CC, art. 86)

e) divisíveis e indivisíveis: Bens divisíveis são aqueles que podem ser divididos sem comprometer sua substância (ex. um litro de leite). Já, os indivisíveis não admitem divisão (uma casa).

f) singulares e coletivos: Bens singulares são os que se podem considerar independente, ainda que reunidos a outros bens (CC, art. 89).

g) públicos e privados (particulares): Bens públicos são os pertencentes às pessoais jurídicas de direito público interno (União, Estado, Distrito Federal, Territórios, Municípios e autarquia) e os afetados à prestação de serviços públicos. Os bens privados são os de propriedade de pessoas jurídicas de direito privado ou pessoas físicas.

A Administração Pública, para poder desenvolver suas atividades, precisa estar materialmente bem equipada. Assim, conforme ensina Hely Lopes Meirelles (1996, p. 431): "o Estado exerce poderes de Soberania sobre todas as coisas que se encontram em seu território. Alguns bens pertencem ao próprio Estado; outros, embora pertencentes a particulares, ficam sujeitos às limitações administrativas impostas pelo Estado; outros, finalmente, não pertencem a ninguém, por inapropriáveis, mas sua utilização subordina-se às normas estabelecidas pelo Estado".

Domínio público, em sentido amplo, compreende todos os bens encontrados no território pertencente ao Estado e que se sujeitam à soberania estatal em diferentes graus, pois alguns são públicos, outros são privados e há os inapropriáveis, que não pertencem a ninguém. Em outras palavras, domínio público é o conjunto de bens pertencentes ao Estado ou sujeito à sua soberania. (BACELLAR, 2005, p. 187)

Destarte, constitui domínio público o conjunto de bens sujeitos ou pertencentes ao Estado. O conceito de domínio público não é uniforme na doutrina, mas os administrativistas concordam em que tal domínio, como direito de propriedade, só é exercido sobre os bens pertencentes às entidades públicas e, como poder de Soberania interna, alcança tanto os bens públicos como as coisas particulares de interesse coletivo. (MEIRELLES, 1996, p. 432)

A expressão *domínio público* ora significa o poder que o Estado exerce sobre os bens próprios e alheios, ora designa a condição desses bens. A mesma expressão pode ainda ser tomada como o conjunto de bens destinados ao uso público (direto ou indireto – geral ou especial – *uti singuli* o *uti universi*), como pode designar o regime a que se subordina esse complexo de coisas afetadas de interesses públicos (MEIRELLES, 1996, p. 432-433). Todavia, o citado autor significa o *domínio público*, em sentido amplo, (como sendo o poder de dominação ou de regulamentação que o Estado exerce sobre os bens do seu patrimônio, bens públicos, ou sobre os bens do patrimônio privado), *domínio eminente* (o poder político pelo qual o Estado submete à sua vontade todas as coisas de seu território: soberania interna), *domínio patrimonial* (o domínio do Estado sobre seus bens, como direito de propriedade pública, sujeito a um regime administrativo especial).

Trata-se de uma concepção patrimonial.

A exteriorização do *domínio público* resulta na subdivisão em domínio patrimonial, que compreende o direito de propriedade pública com regime próprio exercido especialmente sobre os bens públicos e, em *domínio eminente*, que não se confunde com propriedade, mas se traduz em poderes de soberania interna, exercido de forma geral e potencial sobre os *bens públicos* e, principalmente, sobre os bens privados e inapropriáveis de interesse coletivo. Em razão do domínio eminente, todos os bens privados estarão sujeitos à soberania estatal que se verifica com a intervenção do Estado na propriedade. (BACELLAR, 2005, p. 188)

Conforme prescrito no art. 98 do Código Civil: "são públicos os bens do domínio nacional pertencentes às pessoas jurídicas de direito público interno; todos os outros são particulares, seja qual for a pessoa a que pertencerem".

Conforme ensina Hely Lopes Meirelles, bens públicos, em sentido lato, "são todas as coisas, corpóreas ou incorpóreas, imóveis, moveis e semoventes, créditos, direitos e ações, que pertençam, a qualquer título, às entidades estatais, autarquias, fundacionais e paraestatais". (MEIRELLES, 1996, p. 434)

Assim sendo, é público todo bem móvel, imóvel ou semovente, corpóreo ou incorpóreo, fungível ou infungível, crédito, direito ou ação, quer pertença, a qualquer título, à Administração direta, autárquica e fundacional. Tais bens distribuem-se dentre as entidades federativas, mas os direitos e deveres que sobre eles recaem não decorrem do direito de propriedade, mas de um vínculo específico, característico da função pública atribuída às entidades que os titularizam. (BACELLAR, 2005, p. 188)

Os bens públicos podem ser adquiridos de diversos modos: compra e venda, por intermédio de licitação, cuja modalidade se adequará ao objeto; doações, dação em pagamento; permuta; usucapião, sucessão; desapropriação; apossamento administrativo ou desapropriação indireta; realização de obra pública; registro de projeto de loteamento; lei instituidora de entidade da Administração indireta e perda ou confisco de bens de origem criminosa. (BACELLAR, 2005, p. 189)

Observa-se que os bens das empresas públicas e sociedades de economia mista e suas subsidiárias, que explorem atividade econômica, submetem-se ao regime jurídico próprio das empresas privadas, conforme prescrito no art. 173 da CF. (BACELLAR, 2005, p. 189)

Os bens públicos se dividem em três tipos:

- Bens de uso comum do povo (tais como rios, mares, estrada, ruas e praças).

- Bens de uso especial, como os edifícios ou terrenos destinados a serviço público ou estabelecimento da administração pública.

- Bens dominicais, que não possuem especificada qualquer destinação (CC, art. 99).

2.5.2.1 Características dos bens públicos

O regime jurídico especial a que se sujeitam os bens públicos atribui-lhes características próprias, a saber:

a) Inalienabilidade entende-se por alienação a transferência de propriedade, onerosa ou gratuita, sob a forma de venda, permuta, doação, dação em pagamento, investidura, legitimação de posse ou concessão de domínio. A alienação de bens públicos é relativa conforme exemplo do prescrito no art. 100 do CC: "Os bens públicos de uso comum do povo e os de uso especial são inalienáveis, enquanto conservarem a sua qualificação, na forma que a lei determinar". Todavia, no art. 101 do CC prescreve-se que os bens públicos dominicais podem ser alienados, observadas as exigências da lei.

b) Imprescritibilidade refere-se à proibição absoluta de prescrição aquisitiva em relação aos bens públicos, e, em consequência, que eles possam ser objeto de aquisição pelo decurso do tempo, como ocorre na usucapião. Assim, os bens públicos não podem ser adquiridos por terceiros pela via da usucapião, conforme se prescreve nos art. 183, § 3º da CF: *Os imóveis públicos não serão adquiridos por usucapião.*

c) Impenhorabilidade é a consequência lógica da inalienabilidade, prescrita no art. 649, I, do CPC, sendo absolutamente impenhoráveis os bens inalienáveis.

d) Impossibilidade de onerarão, também como consequência lógica da inalienabilidade e da impenhorabilidade, os bens públicos não são oneráveis. Mas, o uso de tais bens pode ser gratuito ou retribuído, conforme o art. 103 do CC. Vejamos: *O uso comum dos bens públicos pode ser gratuito ou retribuído, conforme for estabelecido legalmente pela entidade a cuja administração pertencerem.*

2.5.2.2 Classificação dos bens públicos

Analisando a disposição prescrita no CC, podemos derivar a seguinte classificação de bens públicos: a) bens de uso comum do povo; b) bens de uso especial; c) bens dominicais. Vejamos.

> Art. 99. São bens públicos:
> I - os de uso comum do povo, tais como rios, mares, estradas, ruas e praças;
> II - os de uso especial, tais como edifícios ou terrenos destinados a serviço ou estabelecimento da administração federal, estadual, territorial ou municipal, inclusive os de suas autarquias;
> III - os dominicais, que constituem o patrimônio das pessoas jurídicas de direito público, como objeto de direito pessoal, ou real, de cada uma dessas entidades.
> Parágrafo único. Não dispondo a lei em contrário, consideram-se dominicais os bens pertencentes às pessoas jurídicas de direito público a que se tenha dado estrutura de direito privado.

Conforme explica Remou Felipe Bacellar (2005, p. 192) *bens de uso comum do povo*, aqueles que se caracterizam por retratarem sempre locais abertos, livres de cancelas ou portas, sem necessidade de identificação, permitindo acesso e fruição imediatos pela coletividade. Ex.: ruas, estradas, parques, praças e praia. *Bens de uso especial*, exemplos, os edifícios ou terrenos destinados a serviços ou estabelecimento da administração federal, estadual, territorial ou municipal, inclusive as suas autarquias, os prédios públicos que abrigam os Poderes constituídos, os Institutos de Saúde e Previdência, os cemitérios, os terrenos que servem a estacionamento de automóveis oficias etc. Já os *bens dominicais* (ou dominiais), aqueles que integram o domínio público como os demais, mas não se encontram diretamente afetados, ou seja, não estão destinados a uma determinada finalidade pública ou administrativa (não estão destinados nem para uso comum do povo, nem para uso especial, compondo o que se convencionou denominar patrimônio disponível). Tais bens podem servir a uma finalidade social, como é o caso da concessão de direito real de uso de terrenos públicos para fins de habitação ou, mesmo quando não utilizados com o fito de preservação ambiental (reserva ambiental).

2.5.2.3 Bens públicos em espécie

Alguns bens apresentam características distintas da grande maioria dos bens públicos. Assim, por exemplo:

a) Terras devolutas (terras devolvidas), por meio de cartas de doação.

b) Plataforma continental, que compreende "o leito e o subsolo das áreas submarinas que se estendem além de seu mar territorial, em toda a extensão de prolongamento natural de seu território terrestre, até o bordo exterior da margem continental, ou até uma distancia de duzentas milhas marítimas das linhas de base, a partir das quais se mede a largura do mar territorial, nos casos em que o bordo exterior da margem continental não atinja essa distancia" (art. 11 da Lei n. 8.617/93). A Convenção das Nações Unidas sobre o Direito do Mar, de 1982, fixa critérios para os limites da plataforma continental. A plataforma pertence à União e sobre ela o País exerce sua soberania. (BACELLAR, 2005, p. 195)

c) Terras ocupadas pelos índios pertencem à União e são inalienáveis, indisponíveis, e os direitos sobre elas imprescritíveis, conforme lemos na CF (art. 231):

> Art.231 - São reconhecidos aos índios sua organização social, costumes, línguas, crenças e tradições, e os direitos originários sobre as terras que tradicionalmente ocupam, competindo à União demarcá-las, proteger e fazer respeitar todos os seus bens.
> § 1º - São terras tradicionalmente ocupadas pelos Índios as por eles habitadas em caráter permanente, as utilizadas para suas atividades produtivas, as imprescindíveis à preservação dos recursos ambientais necessários a seu bem-estar e as necessárias a sua reprodução física e cultural, segundo seus usos costumes e tradições.
> § 2º - As terras tradicionalmente ocupadas pelos Índios destinam-se a sua posse permanente, cabendo-lhes o usufruto exclusivo das riquezas do solo, dos rios e dos lagos nelas existentes.
> § 3º - O aproveitamento dos recursos hídricos, incluídos os potenciais energéticos, a pesquisa e a lavra das riquezas minerais em terras indígenas só podem ser efetivados com autorização do Congresso Nacional, ouvidas as comunidades afetadas, ficando-lhes assegurada participação nos resultados da lavra, na forma da lei.
> § 4º - As terras de que trata este artigo são inalienáveis e indisponíveis, e os direitos sobre elas, imprescritíveis.

d) Terrenos de marinha são os que, banhados pelas águas do mar ou dos rios navegáveis, vão até uma distancia de 15 braças craveiras (33 metros). São os terrenos situados no continente, na costa marítima e nas margens dos rios e lagoas e os terrenos que contornam as ilhas até onde houver influencia das marés. Constituem domínio da União, de acordo com o art. 20, VII, da CF, buscando assegurar a defesa nacional.

> Art.20 - São bens da União:
> (...)
> VII - os terrenos de marinha e seus acrescidos;
> (...)

e) Terrenos reservados, são os que banhados pelas correntes navegáveis, fora do alcance das marés, vão até uma distancia de 15 metros ordinárias que foi fixado em 1831, conforme Decreto n. 4.105, de 1868. A distinção entre tais terrenos e os terrenos de marinha reside na influencia ou não das marés. Nos termos do art. 31 do Código de Águas, em regra pertencem aos Estados, se não forem da União, de Municípios ou de particulares. São da União os chamados terrenos marginais previstos no Decreto-Lei n. 9.760/46, por força do art. 1º, *b* e *c*, e art. 20, III, da CF.

> Art.20 - São bens da União:
> III - os lagos, rios e quaisquer correntes de água em terrenos de seu domínio, ou que banhem mais de um Estado, sirvam de limites com outros países, ou se estendam a território estrangeiro ou dele provenham, bem como os terrenos marginais e as praias fluviais;
> (...)

Igualmente, a leitura íntegra do art. 20 da CF nos permite agrupar como bens da União os seguintes:

a) os que atualmente lhe pertencem e os que lhe vierem a ser atribuídos (art. 20, I);

b) as terras devolutas indispensáveis à defesa das fronteiras, das fortificações e construções militares, das vias federais de comunicação e à preservação ambiental, definidas em lei; os recursos naturais da plataforma continental e da zona econômica exclusiva (art. 20, II);

c) o mar territorial (art. 20, VI);

d) os terrenos de marinha e seus acrescidos (art. 20, VII);

e) os potenciais de energia hidráulica (art. 20, VIII);

f) os recursos minerais, inclusive os do subsolo (art. 20, IX);

g) as cavidades naturais subterrâneas e os sítios arqueológicos e pré-históricos (art. 20, X);

h) as terras tradicionalmente ocupadas pelos índios (art. 20, XI).

Todavia, conforme art. 26 da CF, pertencem ao Estado:

> a) as águas superficiais ou subterrâneas, fluentes, emergentes e em depósito, ressalvadas, neste caso, na forma da lei, as decorrentes de obras da União (art. 26, I);
>
> b) as áreas, nas ilhas oceânicas e costeiras, que estiverem no seu domínio, excluídas aquelas sob domínio da União, Municípios ou terceiros (art. 26, II);
>
> c) as ilhas fluviais e lacustres não pertencentes à União (art. 26, III);
>
> d) as terras devolutas não compreendidas entre as da União (art. 26, IV).

Outros bens públicos em espécies também podem ser citados: a faixa de fronteira, regulamentada pela Lei n. 6.634, de 2 de maio de 1979; as águas regulamentadas pelo Código de Águas e as minas e jazidas, com previsões no Decreto n. 62.934, de 2 de julho de 1968, e no Decreto-Lei n. 227, de 28 de fevereiro de 1967 – Código de Mineração. (BACELLAR, 2005, p. 197)

2.6 Direito das coisas

A palavra coisa, explica, Coelho, é um termo antigo que corresponde a tudo o que existe fora do sujeito direito. Assim, o termo coisa corresponde não só aquilo que tem valore econômico para o ser humano (os bens) como também o que é insuscetível de mensuração pecuniária. Todavia, a coisa significa os bens corpóreos, dotados de existência física, não sendo coisas os bens incorpóreos (obras literárias, marcas registradas, programa de computador etc.) e os direitos (participação em sociedade empresária, direito à vida, crédito etc.). Em síntese, coisa, no sentido amplo, é género (tudo o que existe além do sujeito) do qual os bens são espécie. No sentido estreito, coisa é espécie (corpóreos) do gênero bens. Assim, a denominação "direito das coisas" emprega-se no sentido estrito, isto é, se refere aos bens corpóreos. (COELHO, 2006, p. 4)

Autores como preferem definir o direito das coisas num sentido amplo, isto é, como um conjunto de normas que regem as relações jurídicas concernentes aos bens materiais ou imateriais suscetíveis de apropriação pelo homem. Contudo, o direito das coisas visa regulamentar as relações entre os homens em relação as coisas, prescrevendo o exercício em face da convivência social. (DINIZ, 2007, p. 3-5)

Tentando superar este conflito vamos definir o Direito das Coisas como aquela parte do direito constitutiva de normas legais e institutos jurídicos que objetiva a resolução de conflitos de interesses relacionados ao aproveitamento dos bens valiosos para os homens, especificamente os bens corpóreos e, só no caso de expressa prescrição legal os incorpóreos e direito.

Vejamos que nem todas as coisas merecem ser regulados pelo direito das coisas. Como visto, as coisas que pertencem ao mundo do direito distinguem-se pela sua utilidade, valor de uso, apropriabilidade etc. Logo, o direito das coisas são se importa com as coisas úteis (bens) que compreendem tanto os bens materiais e os imateriais.

2.6.1 Classificação do direito das coisas

A doutrina tem classificado o direito das coisas da seguinte forma (DINIZ, 2007, p. 353):

a) direito da coisas clássico: oriundo do direito romano e tem como objetivo estudar a propriedade, as servidões, a superfície, a enfiteuse, o penhor e a hipoteca.

b) direito das coisas científico: compreende a mesma matéria do clássico, porém com âmbito bem mais amplo, graças ao trabalho da doutrina e;

c) direito das coisas legal: aquele regulado pela legislação, que se preocupa com a situação jurídica da propriedade numa dada época e lugar.

O conteúdo deste direito é prescrito (contido) nos artigos 1.196 a 1.510 do CC, dispositivos que abrangem a posse, a propriedade e os direitos reais sobre coisas alheias.

2.7 Direito real

Os direitos reais são os direitos subjetivos de ter, como seus, objetos materiais ou coisas corpóreas ou incorpóreas. É preciso destacar que o direito das coisas disciplina relações jurídicas que dizem respeito a bens que podem ser apropriados pelo ser humano: direitos reais, denominação adotada e difundida por Savigny. (DINIZ, 2007, p. 10, 353)

2.7.1 Características do direito real

Como característica do direito real destacam-se as seguintes (COELHO, 2006, p. 8):

a) Direito absoluto. Define-se como um direito *erga omnes*. Um direito absoluto no sentido de ser ilimitado, no sentido de sua oponibilidade pelo titular a qualquer um que o tenha lesado, mesmo que inexistente relação jurídica entre esses sujeitos. Um direito que pode ser defendido contra qualquer pessoa e onde quer que se encontre a coisa a que ser refere.

b) Direito típico. A tipicidade é característica dos direitos reais por estarem disciplinados em normas. Eles são típicos por estarem tipificados em norma, assim, como consta no art. 1.225 do CC: propriedade, superfície, servidão, usufruto, uso, habitação, o direito do promitente comprador do imóvel, penhor, hipoteca e enticrese.

c) Aderência à coisa. Trata-se de um direito que se liga à coisa e não ao titular, isto é, continua a existir mesmo que mude o seu titular.

Outros autores preferem colocar em destaque os seguintes caracteres (DINIZ, 2007, p. 10, 353): a) oponibilidade *erga omnes*. b) preferência de titularidade; c) aderência imediata ao bem; d) possível de abandono; e) usucapião como meio aquisitivo.

2.7.2 Classificação dos direitos reais

O principal critério de classificação distingue os direitos reais sobre *coisa própria* e os incidentes sobre *coisa alheia*. Os direitos sobre coisa alheia se subdividem em três classes: direitos reais de gozo (servidão, usufruto, uso etc.) de garantia (penhor, hipoteca e anticrese) e à aquisição (titulados pelo promitente comprador). (COELHO, 2006, p. 11)

2.8 Posse

A posse pode ser definida como o poder imediato de dispor fisicamente o bem, defendendo-a contra agressões de terceiros. Assim, a posse pode ser considerada um fato tutelado pelo direito. Pode ser objeto da posse todas as coisas (bens) que puderem ser objeto de propriedade, sejam elas corpóreas ou incorpóreas. (DINIZ, 2007, p. 35, 44)

Conforme ensina Fabio Ulhoa (2006, p. 12-15), a posse é o exercício de fato de um ou mais poderes característicos do direito de propriedade. Essa noção deriva do conceito de possuidor. Assim sendo, possuidor é que tem direito de usar e dispor, ainda sem ser proprietário. Ora, posse e propriedade são conceitos jurídicos diferentes. Vejamos o seguinte exemplo: o locatário tem a posse do bem locado, mas não a propriedade; o proprietário pode estar ou não na posse da coisa. Assim, quem possui um bem não é necessariamente o dono.

Pode-se inferir que o objeto da posse são bens corpóreos; os incorpóreos não se incluem na definição da posse. Logo, nem todos os bens objeto do direito de propriedade são suscetíveis da posse. Considera-se, assim, que podem ser possuídos unicamente os bens suscetíveis de apreensão material.

PARTE II

CONCEITOS BÁSICOS DO DIREITO EMPRESARIAL

A compreensão do Direito Empresarial exige o domínio de alguns conceitos básicos que, em verdade, ajudam no estudo da sistemática desta disciplina: seu sentido, importância e alcance, e como ela contribui para um melhor desempenho teórico e prático do futuro profissional. Dentre desses conceitos básicos privilegiamos o conceito "Direito".

Neste sentido, para melhor compreender o objeto de estudo do Direito Empresarial é preciso compreender o conceito Direito. Eis que o estudo do Direito Empresarial deve partir, necessariamente, da noção geral do Direito – tronco de onde se esgalham todos os ramos da *Ciência Jurídica.*

Pois bem, o Direito, do ponto de vista objetivo e positivista (legalista), é considerado frequentemente como um conjunto de normas (regras de conduta) impostas pelo Estado. Diz-se de uma ordem normativa criada com o intuito de ordenar a vida em sociedade (convivência social) e, que adaptada às condições existenciais da sociedade, objetiva a realização da Justiça e da Paz social.

A verdade é que a definição do Direito não é unívoca, ela geralmente depende da postura (concepção) adotada pelos doutrinadores. Eis que, para alguns estudiosos, o direito é uma ordem historicamente necessária (um conjunto de normas). O homem é um ser social e isto justifica a necessidade do homem de viver em sociedade. Assim sendo, conforme ensina Ives Gandra (1998, p. 13), a necessidade de viver em sociedade fez o homem procurar sempre, desde os tempos primitivos, a estrutura política capaz de eliminar seu isolamento, suprindo sua fragilidade pela força da coletividade. Já, para outros, o direito é produto de um conjunto de experiências, é texto ou a área que se expressa em três dimensões, a saber: normativa, factual e valorativa.

As diversas maneiras de denominar a disciplina que ora nos ocupa, a saber, **Direito Mercantil – Direito Comercial – Direito Empresarial** é a principal questão teórica - conceitual que abordaremos no presente tema. Em poucas palavras diremos que as razões históricas de tais denominações conhecidas é questão que estimula o estudo da natureza, dimensão e alcance do Direito Empresarial moderno.

Certamente o Direito Empresarial (*Direito Mercantil, Direito Comercial ou Direito de empresas*) hodiernamente é considerado uma área do conhecimento que faz parte do Direito Privado e mais especificamente alocado dentro do Direito Civil, que cuida da atividade empresarial.

Neste sentido, observa Rubens Requião (2007, p. 3), "a primeira impressão de quem inicia o estudo do direito comercial é a de que constitui ele o *direito do comercio* e, por consequência, o direito dos comerciantes. Se bem que essa tendência vulgar tenha sua explicação histórica, dadas as origens desse ramo do direito privado, tal conceituação modernamente é inadmissível". Assim, continua o nosso autor, para compreender que o direito comercial não é nem o *direito do comércio*, nem o *direito dos comerciantes*, deve-se investigar o conceito econômico do comercio. Veremos, então, que esse conceito não se ajusta exatamente ao seu conceito jurídico.

A denominação Direito Mercantil parece haver surgido a partir da correlação entre as palavras: mercado, mercadoria, mercatura (mercancia), mercador, mercantil. A denominação Direito Comercial nasce do vocábulo comercio, lucro imediato, lugar onde se intercambia a mercadoria.

> Mas não há interpretação pacífica do que seja comércio ou o comerciante. Palavras muito polivalentes, comércio, são encontradas nos dicionários com vários sentidos. Contudo, o próprio Direito Comercial não chegou a estabelecer seu significado, ou melhor, não conseguiu conceituá-lo [...]. Englobando todas elas, chegaremos a duas posições bem definidas: o comércio deve ser interpretado '*strictu sensu*' e '*lato sensu*'. Em sentido estrito, o comercio é constituído pela intermediação de mercadorias, de produtor para consumidor, sem alteração da substância dessas mercadorias. Tomemos, como exemplo, uma loja de calçados; ela adquire os calçados das indústrias e os vende aos consumidores, como eles vieram. O dono dessa sapataria é um comerciante, pois compra seus produtos e os vende tal como comprou; exerce ele o comércio em sentido estrito. O comércio, em sentido lato, tem um significado muito diferente. Aplica-se a toda atividade com sentido de lucro. Assim, um banco, uma indústria, uma empresa prestadora de serviço, uma empresa agrícola, todos eles exercem o comércio; um banqueiro e um industrial são também comerciantes, tanto quanto aquele que compra e vende mercadoria. Ficou assim claro o conceito de comércio, nas duas versões. (ROQUE, 2006, p. 51)

Estudos históricos nos informam que o **Direito Empresarial** foi denominado diferentemente, conforme ao período de seu nascimento e desenvolvimento posterior. Assim, por exemplo, quando surgiu em 1553 (quando foi publicada a primeira obra doutrinária sobre o assunto) chamou-se de **Direito Mercantil**, denominação posteriormente substituída, a partir de 1807, por **Direito Comercial** ao ser promulgado o Código Comercial francês. No Brasil, a denominação inicial adotada foi a de Direito Mercantil. Previu-se, assim, a elaboração de um código mercantil e a criação de cursos jurídicos em 11/08/1827. Atribui-se ao Visconde de Cairú a publicação da primeira obra brasileira sobre o assunto, denominada "Princípios de Direito Mercantil". Mas, com a publicação do Código Comercial, em 1850, (código revogado pelo atual Código Civil de 2002), impôs-se o nome de Direito Comercial. (ROQUE, 2006, p. 23)

A teoria do Direito Empresarial, quando limitada ao Direito do Comercio, ficaria restringida a um conjunto de relações (atividades) econômica privada e profissional que até a primeira metade do século XX seriam exercidas pelos "comerciantes". Não existiam, as relações de produção em série, nem a massificação das relações de consumo.

Não se falava até então de uma classe empresarial, mas de atividades do comercio privativas.

Nem sempre a denominação Direito Empresarial foi a acolhida pela doutrina nacional e estrangeira. Outras variadas denominações, também são usadas, a saber, **Direito dos Negócios**, **Direito dos empreendedores, Direito dos administradores** etc. Hoje, tais denominações se apresentam como sinônimos. Mas, aos efeitos deste estudo propomos a unificação de tais denominações para entender que se trata do mesmo ramo de direito que regula as relações jurídicas das empresas: pré-produtivas, produtivas e distributivas, isto é, pré-produção, produção, distribuição e intercambio para o consumo.

Como se verifica em várias obras, a denominação Direito Empresarial nem sempre é pacífica. Autores importantes, tais como Fábio Ulhoa Coelho e Rubens Requião continuam a falar em Direito Comercial. Mas, aos efeitos do presente estudo tais denominações (Direito Mercantil ou Direito Comercial) serão entendidas e substituídas pela denominação Direito Empresarial, isto por ser a adotada como sendo a equivalente a Direito das empresas, designação oficial hoje reconhecida e atribuída pelos programas orientados pelo Ministério da Educação e Cultura (MEC).

Capítulo 3
Direito Empresarial

Conforme definido por Fábio Ulhoa Coelho (2008, p. 4) o Direito Comercial (entenda-se Direito Empresarial) cuida do exercício da atividade econômica organizada de fornecimento de bens ou serviços, denominada *empresa*. Seu objeto é o estudo dos meios socialmente estruturados de superação dos conflitos de interesses envolvendo empresários ou relacionados às empresas que exploram.

Vê-se, assim, que o Direito Empresarial é o direito que regula as atividades produtivas, tendo em vista o surgimento do mercado consumidor. Ele examina a pessoa que se encarrega da produção de mercadoria (bens de consumo) e de serviços. Tendo um fundamento subjetivo, cuida da estrutura, do regime jurídico, das operações da empresa. (ROQUE, 2006, p. 22)

Conforme alerta Rubens Requião, não se deve definir o direito Comercial/Empresarial como o direito do comercio. Nos tempos modernos o Direito Comercial/Empresarial deixou de ser, apenas, um direito da atividade mercantil. Ele abrange muitos institutos e instituições que não são necessariamente comerciais. Hodiernamente, ficou superada a idéia de que a atividade econômica se reduz ao tráfico de mercadorias, ao negócio, ao comercio, no sentido mais estrito. Pode-se dizer, assim, que o domínio próprio do Direito Comercial/Empresarial é o *conjunto de regras jurídicas relativas à atividade do homem aplicado à produção, à apropriação, à circulação e ao consumo das riquezas.* Assim sendo, o comércio não é senão um dos elos da cadeia que constitui a atividade econômica global. (REQUIÃO, 2007, p. 6-7)

Como características mais relevantes do Direito Empresarial podem ser destacadas as seguintes:

a) Especialidade trata-se de um direito autônomo, especial ou específico que unicamente tutela uma categoria especifica de relações jurídicas: as relações jurídicas empresariais que não tem como sujeitos o universo de pessoas, mas uma pessoa especial, a saber, a *empresa* e seus *clientes*.

b) Cosmopolitismo, diz-se de um direito que ultrapassa os limites nacionais. Vê-se que o Direito do Comercio Exterior, por exemplo, cuida das transações internacionais. É um direito que se internacionaliza, devido ao processo de globalização e de integração econômica.

c) Dinamismo é um direito dinâmico que muda conforme se desenvolve e transforma da sociedade e a economia. Daí que as diversas formas contratuais nascem e se modificam.

d) Fragmentarismo é um direito que se fragmenta em diversos sub-ramos ou áreas. Ele é um tronco que se ramifica em diferentes sub-ramos e disciplinas que cuidam de relações específicas, por exemplo, Direito da Propriedade Industrial, Direito Cambiário, direito Societário, Direito de Recuperação de Empresas, Direito Contratual, Direito Aeronáutico, Direito Marítimo, Direito Bancário, Direito do Mercado de Capitais, Direito do Comércio Exterior, Direito do Consumidor.

e) Privatização, é um ramo de direito privado, cuida das relações estabelecidas por sujeitos do direito privado: empresas e clientes-consumidores. "Mesmo uma empresa pública ou uma sociedade de economia mista exercem atividades de cunho privado. Não constituem atividade oficial, mas se submetem às leis do mercado e do Direito Empresarial. Ainda recentemente surgiu o novo ramo de Direito Empresarial, denominado Direito de Recuperação de Empresas, de caráter privatístico (privativo), substituindo o antigo Direito Falimentar, com características de direito público". (ROQUE, 2006, p. 28)

f) Liberalismo é direito típico do regime liberal, onde vigora a autonomia da vontade: liberdade de negociação entre as empresas e seus clientes. É a característica que fundamenta a necessidade de um novo direito (Direito do Consumidor) tutelando os interesses da ampla massa de consumidores.

g) Onerosidade, as relações protegidas pelo Direito Empresarial são de caráter oneroso. Elas objetivam a produção de riquezas (o lucro), desenvolvem relações econômicas que objetiva a compensação econômica do trabalho ou serviços que exercem.

h) Massificação, a característica econômica fundamental das relações empresariais é o caráter massivo, a produção em série dos serviços e produtos colocados no mercado. Eis a premissa dos chamados contratos de adesão, do contrato tipo e das relações de consumo.

3.1 Direito Empresarial como disciplina independente

Em qual ramo do direito o direito empresarial se enquadra? Com quais outros ramos do direito o direito empresarial se relaciona?

O Direito Empresarial é um ramo do direito privado específico e autônomo que se distingue de outros ramos do direito pelas suas características. O Direito Empresarial se diferencia e separa do Direito Civil, Penal, Administrativo, Trabalhista etc[35].

O Direito Empresarial é, conforme explica Fábio Ulhoa, o ramo jurídico voltado às questões próprias dos empresários ou das empresas; à maneira como se estrutura a produção e negociação dos bens e serviços de que todos precisamos para viver. (COELHO, 2008, p. 5)

Em verdade, o Direito Empresarial forma parte integrante do ramo do direito privado, independente e inter-relacionado com os demais ramos jurídicos e não jurídicos. Tais independência e relação se expressam na visão tridimensional, a saber: normativa, valorativa e factual, leitura que marca a diferencia (a especificidade) entre o corpo normativo, a doutrina e a didática do Direito Empresarial. No entanto, distingue-se a atividade econômica empresarial da civil.

O Direito Privado abrange tanto o Direito Civil como o Direito Empresarial, disciplina para as quais se reservam algumas diferenças. Diz-se de uma dicotomia entre o regime jurídico civil e empresarial, expressa no CC de 2002. De acordo com o Código Civil de 2002, continuam excluídas da disciplina juscomercialista algumas atividades econômicas (não-empresariais). São atividades civis, cujos exercentes não podem, por exemplo, requerer recuperação judicial, nem falir. (COELHO, 2008, p. 15)

Conforme ensina Fábio Ulhoa (2008, p. 15), são quatro as hipóteses de atividades econômicas *civis*, a saber:

Primeira, diz respeito às exploradas por quem não se enquadra no conceito legal de empresário. Se alguém prestar serviços diretamente, mas não organiza uma empresa (não tem empregados, por exemplo), mesmo que o faça profissionalmente (com intuito lucrativo e habitualidade), ele não é empresário e o seu regime será civil. Em verdade, estão surgindo atividades econômicas de relevo exploradas sem empresas, em que o prestador dos serviços trabalha sozinho em casa.

Segunda, diz dos profissionais intelectuais que não se consideram empresários, por força do parágrafo único do art. 966 do CC, o exercente de profissão intelectual, de natureza científica, literária ou artística, mesmo que contrate empregado para auxiliá-lo em seu trabalho. Estes profissionais exploram, portanto, atividades econômicas civis não sujeitas ao Direito Empresarial. Entre eles se encontram os profissionais liberais (advogados, médico,

[35] O Direito Civil e o Direito Penal têm um universo maior de pessoas, isto é, aplicam-se a todos os cidadãos que, em geral, estabelecem relações jurídicas civis ou infringem as normas penais. Cada ramo do direito conhece e tutela relações específicas, próprias de seu objeto e campo de ação.

dentista, arquiteto etc.), os escritores e artistas de qualquer expressão (plásticos, músicos, atores etc.). Há uma exceção, prevista no mesmo dispositivo legal, em que o profissional intelectual se enquadra no conceito de empresário. Trata-se da hipótese em que o exercício da profissão constitui *elemento de empresa*. A maneira de exemplo, vejamos o seguinte caso:

1. O médico pediatra recém-formado, atendendo seus primeiros clientes no consultório, contrata uma secretária, mas se encontra na condição geral dos profissionais intelectuais: não é empresário, mesmo que conte com o auxílio de colaboradores. Aqui se entende que os clientes buscam o serviço com base na confiança em razão de sua competência como médico.

2. O médico que constitui uma clínica, contrata pessoal de apoio (secretária, atendente, copeira etc.), também enfermeiros e outros médicos. Numa fase seguinte, cresce mais ainda aquela unidade de serviços. Não se chama mais clínica, e sim hospital pediátrico. Aqui se tem perdido sua individualidade na organização empresarial. Neste momento, aquele profissional intelectual tornou-se elemento de empresa. A organização dos serviços é de natureza empresarial. É a de organizador dos fatores de produção. Eis aí que o médico, fugindo da condição geral dos profissionais intelectuais, passa a ser considerado, juridicamente, empresário.

Terceira os empresários rurais não registrados na Junta Comercial e a das Cooperativas. Atividade econômica rural é a explorada normalmente fora da cidade. São rurais, por exemplo, as atividades econômicas de plantação de vegetais destinadas a alimentos, fonte energética ou matéria-prima (agricultura, reflorestamento), a criação de animais para abate, reprodução, competição ou lazer (pecuária, suinocultura, granja, equinocultura) e o extrativismo vegetal (corte de árvores), animal (caça e pesca) e mineral (mineradoras, garimpos). O CC de 2002 reservou para o exercente de atividade rural um tratamento específico (art. 971). Se ele requerer sua inscrição no registro das empresas (Junta Comercial), será considerado empresário e submeter-se-á às normas de Direito Empresarial. Caso, porém, não requeira a inscrição neste registro, não se considera empresário e seu regime será o do Direito Civil.

Quarta, as cooperativas, que são sempre sociedades civis (ou "simples", na linguagem do CC), independentemente da atividade que exploram (art. 982). Elas, normalmente, dedicam-se às mesmas atividades dos empresários e costumam atender aos requisitos legais de caracterização destes (profissionalismo, atividade econômica organizada e produção ou circulação de bens ou serviços), mas, por expressa disposição do legislador, que data de 1971, não se submetem ao regime jurídico-empresarial. Quer dizer, não estão sujeitas à falência e não podem requerer a recuperação judicial. Sua disciplina legal específica encontra-se na Lei n. 5.764/71 e nos arts. 1.093 a 1.096 do CC, e seu estudo cabe ao Direito Civil.

Como ramo do direito privado o Direito Empresarial regula as atividades concernentes à produção, circulação e comercialização de bens e serviços, a fim de satisfazer as necessidades do mercado consumidor.

Resumindo, o Direito Empresarial é comumente definido como uma disciplina jurídica que estuda um dado setor da realidade socioeconômica, por meio de normas e princípios. Assim, o Direito Empresarial tem sido definido como "o conjunto de normas e princípios concernentes à estrutura e atividades das empresas mercantis ou a elas assemelhadas". (ROQUE, 2006, p. 21)

O Direito Empresarial é um importante conjunto de normas e teorias plexo e abrangente ramo do direito. Estabelece ainda ampla conexão com outras áreas de conhecimento humano: Filosofia (Ética), Economia, Ciência da Administração, Sociologia, Política etc. os demais ramos do direito, como por exemplo, o Direito Constitucional, Econômico, Contratual (civil), Internacional, Trabalhista, Direitos Humanos, Direito do Consumidor etc.

As relações jurídicas empresariais são de natureza socioeconômica. Assim, "como fato social e econômico, o comercio é uma atividade humana que põe em circulação a riqueza produzida, aumentando-lhe a utilidade. J.B. Say, insigne economista clássico, ensinava que mais do que troca o comercio é *aproximação*". (REQUIÃO, 2007, p. 4)

O homem como ser social precisa viver em coletivo e satisfazer a suas necessidades utilizando como mecanismo o intercâmbio de bens e serviços. Assim, surgem as inevitáveis relações econômicas e jurídicas tuteladas pelo Direito Empresarial. Com efeito, o Direito Empresarial cuida das relações jurídicas empresariais.

Assim, como ensina ROQUE (2006, p. 26) é possível considerar que o Direito empresarial constitui o complexo das normas jurídicas que as relações jurídicas empresariais e, portanto, no âmbito do Direito Empresarial, são muito mais amplas, pois elas não são apenas as concernentes à empresa no seu sentido econômico e jurídico, mas são todas as relações que, sendo inerentes à satisfação das exigências do mercado, exercem uma função de intermediação entre a produção e o consumo. A produção e venda de bens e de serviços implica, pois, numa função intermediária de empresa, em levar os bens e serviços ao mercado. O Direito Empresarial vem a ser, portanto, o direito da atividade de intermediação das mercadorias para o consumo.

3.2 A Empresa sob a ótica constitucional

O Código Civil de 2002 adotou a teoria da empresa, em contrapartida à antiga teoria dos atos do comercio, adotada pelo Código Comercial de 1850. A atualmente adotada teoria da empresa centra-se na atividade profissionalmente organizada para a produção ou circulação de bens ou serviços. Seu objeto é, portanto, a empresa. A empresa é a organização econômica que se propõe a obter mediante a combinação da natureza do trabalho e do capital, produtos destinados a troca, correndo os riscos por conta de uma pessoa, que reúne e dirige esses elementos sob sua responsabilidade. (FINKELSTEIN, 2005, p. 1)

A Constituição Federal brasileira, em seu artigo 219, prevê que o mercado interno integra o patrimônio nacional e será incentivado de modo a viabilizar o desenvolvimento cultural e socioeconômico, o bem-estar da população e a autonomia tecnológica do País. Neste sentido, o mercado é um bem coletivo, importa, assim, disciplinar a ordem econômica nacional (veja-se art. 170).

DOS PRINCÍPIOS GERAIS DA ATIVIDADE ECONÔMICA

> Art. 170. A ordem econômica, fundada na valorização do trabalho humano e na livre iniciativa, tem por fim assegurar a todos existência digna, conforme os ditames da justiça social, observados os seguintes princípios:
> I - soberania nacional;
> II - propriedade privada;
> III - função social da propriedade;
> IV - livre concorrência;
> V - defesa do consumidor;
> VI - defesa do meio ambiente, inclusive mediante tratamento diferenciado conforme o impacto ambiental dos produtos e serviços e de seus processos de elaboração e prestação;
> VII - redução das desigualdades regionais e sociais;
> VIII - busca do pleno emprego;
> IX - tratamento favorecido para as empresas de pequeno porte constituídas sob as leis brasileiras e que tenham sua sede e administração no País.
> Parágrafo único. É assegurado a todos o livre exercício de qualquer atividade econômica, independentemente de autorização de órgãos públicos, salvo nos casos previstos em lei.

A empresa é a unidade produtiva, o centro de interesse, a pessoa sobre a qual gravita o Direito Empresarial. É, portanto, o objeto de estudo, a pessoa que constitui a pedra angular do Direito Empresarial (ROQUE, 2006, p. 22). Certamente, a empresa é o cerne e objeto do Direito Empresarial. É a instituição[4] que justifica a teoria do Direito Empresarial.

Desta forma, o Direito Comercial (Empresarial) cuida do exercício das atividades econômica organizada de fornecimento de bens ou serviços, denominada empresa. Seu objeto é o estudo dos meios socialmente estruturados de superação dos conflitos de interesses envolvendo empresários ou relacionados às empresas que exploram. (COELHO, 2008, p. 4)

Dentro do termo empresa incluem-se as empresas estatais (considerando-se nessa nomenclatura a empresa pública e a sociedade de economia mista, tanto uma como a outra, pertencem ao Governo) e as prestadoras de serviços. Todavia a função delas é produzir e vender, transformando-se juridicamente, não em órgão da administração pública, mas num centro de interesse, regido pela legislação empresarial. Ao incluirmos empresa cujo objeto, incluímos também as prestadoras de serviços. Elas, igualmente, se amoldam ao conceito exarado pelo art. 966 de nosso código civil. Há realmente algumas peculiaridades, como o não enquadramento da empresa civil na legislação mercantil; não faz registro na Junta Comercial, não se submete à Lei de Recuperação de Empresas. Não deixa, porém, a empresa civil de ser empresa. (ROQUE, 2006, p. 68)

Assim, o exercício da atividade empresarial exige a observância dos princípios constitucionais em geral e daqueles elencados no art. 170 da CF, cabe destacar: livre iniciativa, dignidade da pessoa humana, boa-fé, soberania nacional, propriedade privada, função social da empresa, livre concorrência, defesa do consumidor e tratamento favorecido a micro e pequena empresa.

3.3 Função social da empresa

A empresa não se limita unicamente a produzir, vender mercadorias e serviços e obter lucros. Vê-se que o objetivo da empresa, modernamente, é a satisfação das necessidades sociais (necessidades surgidas no mercado consumidor: necessidades próprias da população consumidora).

Assim, "a atividade dos empresários pode ser vista como a de articular os fatores de produção, que no sistema capitalista são quatro: capital, mão de obra, insumo e tecnologia. As organizações em que se produzem os bens e serviços necessários ou úteis à vida humana são resultado da ação dos empresários, ou seja, nascem do aporte de capital – próprio ou alheio -, compra de insumos, contratação de mão de obra e desenvolvimento ou aquisição de tecnologia que realizam". (COELHO, 2008, p. 3)

---

[4] Entenda-se: *pessoa*, *instituto* ou *estrutura* econômico-jurídica que, cumprimento de determinadas formalidades, são legalmente autorizadas a estabelecer relações econômicas com o intuito de satisfazer as necessidades sociais.

Como resultado da análise das diferentes definições podemos afirmar que o Direito Empresarial tem por intuito a atividade produtiva desenvolvida para a satisfação das necessidades do mercado (público consumidor), massa de consumidores.

A consagração da função social da propriedade como princípio da ordem econômica tem como escopo fixar que a fruição da propriedade por particulares deve compatibilizar-se com fins sociais mais amplos. O interesse coletivo passa, dessa forma, a ser integrante do regime da propriedade individual. (FINKELSTEIN, 2005, p. 1)

3.4 Classificação das empresas

Há muitas classificações de empresas, além das classificadas conforme às atividades que elas desenvolvem: *primária*, *secundária* e *terciária*. Conforme o Código Civil em vigor, podemos classificar as empresas da seguinte maneira:

a) ***Empresa individual*** é formada por um só componente, que se registra na Junta Comercial em nome próprio, sem ter sócio, portanto, sem contrato social, por não haver sociedade. A estruturação jurídica da empresa individual ou empresário individual dá-se pelo registro na Junta Comercial. (ROQUE, 2006, p. 80)

b) ***Sociedade empresária*** é empresa coletiva, ou seja, formada por duas ou mais pessoas e para a qual se reservam as seguintes características:

- registrar-se no Registro Público de Empresa Mercantil (na Junta Comercial);
- exerce atividade econômica (e trabalha com mercadoria);
- adota a personalidade de direito privado, personalidade essa distinta da de seus sócios (Decreto 900);
- tem seu capital constituído por contribuições dos sócios;
- persegue lucro (Art. 2º da Lei das S/A);
- deve revestir-se das formas previstas na lei e seguir as disposições do Direito Empresarial;
- as atividades empresariais devem ser lícitas;
- deve ter organização interna, com livros fiscais, registros, contabilidade e demonstrações financeiras;
- deve dedicar-se a atividades mercantis, isto é, trabalhar com mercadorias: na produção delas (indústria) ou na distribuição delas (varejo).

A empresa coletiva (sociedade empresarial) é empresa formada por duas ou mais pessoas que fazem acordo escrito entre si, registrando na Junta Comercial, não o nome próprio delas, mas o acordo celebrado. Não se confundem a empresa e seus donos, que possuem personalidades jurídicas claramente distintas. (ROQUE, 2006, p. 77)

A sociedade empresária também chamada de "empresa mercantil", já vimos, tem vários modelos regulamentados no Código Civil, a saber:

1 Sociedade em conta de participação – Arts. 991 a 996;

2 Sociedade limitada – Arts. 1052 a 1087;

3 Sociedade anônima – Arts. 1088 a 1089;

4 Sociedade em comandita por ações – Arts. 1090 a 1092;

5 Sociedade cooperativa – Arts. 1093 a 1094.

c) Sociedade Simples (Arts. 997 a 1038), regulamentada nos 42 artigos do Código Civil e suas disposições aplicam-se a outros modelos societários, o que revela a importância que o novo Direito Empresarial deu a essa empresa. É também chamada de sociedade civil. É o tipo de empresa que se dedica à atividade terciária, vale dizer, prestação de serviços. Peculiaridade desse modelo societário é a de que se registra no Cartório de Registro Civil de Pessoa Jurídica.

3.4.1 Sociedades no Código Civil de 2002

A sociedade é uma forma de junção de interesses e patrimônios com o objetivo de se conseguir desenvolver uma determinada atividade econômica.

Sociedades são *pessoas jurídicas* de *direito privado* que, com *fim lucrativo*, são formadas pela *união de pessoas* que se *obrigam a contribuir* com bens ou serviços para o exercício de *atividade econômica* e a *partilha dos resultados* entre si. Diz-se das pessoas jurídicas de direito privado que, conforme a sua natureza jurídica, são diferentes das associações, das fundações e das demais pessoas jurídicas de direito privado que, também, exercem atividade econômica. (GUSMÃO, 2008, p. 54)

Acredita-se que foi somente na Idade Média que as formas associativas passaram a se aproximar das sociedades modernamente conhecidas. Foi nessa época que a noção da separação entre patrimônio da sociedade e dos sócios passou a se definir, surgindo, assim, as chamadas sociedades em nome coletivo e as sociedades em comandita simples. (FINKELSTEIN, 2005, p. 39)

A sociedade se forma pela manifestação da vontade de duas ou mais pessoas, que se propõem unir os seus esforços para a consecução de um fim comum. Assim, no caso das sociedades comerciais elas devem se constituir necessariamente no mínimo de duas pessoas. (REQUIÃO, 2007, p. 379-380)

Ora, "começa a existência legal das pessoas jurídicas de direito privado com a inscrição do ato constitutivo no respectivo registro, precedida, quando necessário, de autorização ou aprovação do Poder Executivo, averbando-se no registro todas as alterações por que passar o ato constitutivo". (Art. 45 do CC)

Logo, as sociedades se constituem por instrumentos público ou particular, com a observância dos requisitos do art. 104 do CC, arquivando os atos constitutivos no órgão competente (Artigo 998 do CC). É obrigatória a inscrição do empresário no Registro Público de Empresas Mercantis da respectiva sede, antes do início de sua atividade. (Artigo 967 do CC)

A consequência mais importante da sociedade é a personalidade jurídica. A sociedade transforma-se em novo ser, estranho à individualidade das pessoas que participam de sua constituição, dominando um patrimônio próprio, possuidor de órgãos de deliberação e execução que ditam e fazem cumprir a sua vontade. Seu patrimônio, no terreno obrigacional, assegura sua responsabilidade direta em ralação a terceiros. Os bens sociais, como ocorre com os de qualquer pessoa natural. O problema da personalidade jurídica das sociedades comerciais comporta um tratamento prático. (REQUIÃO, 2007, p. 387)

A sociedade adquire personalidade jurídica por concessão da lei. O art. 44 do CC declara que são pessoas jurídicas de direito privado, entre outras, as *sociedades*. No art. 45, dispõe-se que "começa a existência legal das pessoas jurídicas de direito privado com a inscrição do ato constitutivo no respectivo registro", regra reiterada no art. 985. (REQUIÃO, 2007, p. 395):

> Art. 985. A sociedade adquire personalidade jurídica com a inscrição, no registro próprio e na forma da lei, dos seus atos constitutivos (arts. 45 e 1.150).

Pode existir sociedade sem personalidade jurídica?

Ora, conforme o art. 44 do CC as sociedades de fato não possuem personalidade jurídico. Assim, serão consideradas sociedades sem personalidade jurídica, razão pela qual as ações que terceiros moverem a essas sociedades serão movidas contra os seus sócios (Artigos 986 e 987 do CC.)

> Enquanto não inscritos os atos constitutivos, reger-se-á a sociedade, exceto por ações em organização, pelo disposto neste Capítulo, observadas, subsidiariamente e

> no que com ele forem compatíveis, as normas da sociedade simples. (Art. 986 do CC)
>
> Os sócios, nas relações entre si ou com terceiros, somente por escrito podem provar a existência da sociedade, mas os terceiros podem prová-la de qualquer modo. (Art. 987 do CC)

É conveniente aqui lembra a diferenças entre *sociedade irregular* (sociedade em comum) e *sociedade de fato*, assim denominada pela doutrina: *sociedade irregular* é aquela que não promoveu o registro de seu ato constitutivo na Junta Comercial e, portanto, não possui personalidade jurídica. Já a *sociedade de fato* é aquela que além de não promover seu registro, não possui sequer contrato social ou qualquer outro documento constitutivo. Todavia, se observa que o código civil denomina a *sociedade irregular* de "sociedade em comum", assim como se verifica nos artigos 986 e ss.

3.4.1.1 Classificação das sociedades

O Direito Empresarial moderno nos reserva diversas denominações de sociedades, a saber, contratual, institucional, civil, personificada, comum, simples, irregular, de fato, empresária etc.

Ora, ao efeito do presente estudo as sociedades empresárias serão, assim, classificadas: *a) Quanto à natureza dos atos constitutivos* (contratual e institucional); *b) Quanto à personificação* (sociedades personificadas, arts. 45 e 985 do CC e sociedade não personificadas ou sociedade em comum, arts. 986 e 991 do CC.); *c) Quanto à pessoa dos sócios* (sociedade de pessoas e sociedade de capital); *d) Quanto às espécies* (sociedade empresária e sociedade simples); *e) Quanto ao tipo* (sociedade em nome coletivo, arts. 1.039 e ss. do CC., sociedade em comandita simples, arts. 1.045 e ss. do CC., sociedade limitada, art. 1.520 e ss. do CC., sociedade anônima, art. 1.088 e 1.089 do CC., sociedade em comandita por ações, arts. 1.090 e 1.092 do CC., sociedades simples pura art. 997 do CC). Vejamos, a seguir, cada classificação:

a) Quanto à natureza dos atos constitutivos, quanto aos regimes de constituição e dissolução adotados a sociedade são ***contratuais***, aquelas cujo ato constitutivo é o contrato social. Têm sua constituição e dissolução disciplinadas pelo Código Civil de 2002. São sociedades contratuais a sociedades em nome coletivo, a sociedade limitada e a sociedade em comandita simples. (regidas pelo CC.) e ***institucionais***, aquelas cujo ato constitutivo é o estatuto social. Têm sua constituição e dissolução regidas por normas específicas presentes na Lei n. 6.404/76, são sociedades institucionais a sociedade anônima e a sociedade em comandita por ações (sociedade por ações: sociedades anônimas e comandita por ações).

b) Quanto à personificação as sociedades podem ser ***personificadas*** (CC art. 45 e 985) ou ***não personificadas*** ou sociedade em comum (CC 986 e 991).

Um dos elementos que caracterizam a sociedade empresária é sua personalidade jurídica. Assim, antes de iniciar a atividade empresaria, a sociedade deve promover o registro de seus atos constitutivos na Junta Comercial competente, momento em que adquire a personalidade jurídica. Como sujeito de direito personificada a sociedade pode realizar todos os atos jurídicos que o ordenamento não proibir expressamente, ressalvando aqueles atos próprios das pessoas físicas, como casamento, adoção, entre outros.

Conforme lições de Fábio Ulhoa (2008, p. 113), a sociedade empresária, como uma pessoa jurídica, é sujeito de direito personalizado, e poderá, por isso, praticar todo e qualquer ato ou negócio jurídico em relação ao qual inexista proibição expressa. A personalização das sociedades empresárias gera três consequências bastante precisas, a saber:

> - *Titularidade negocial*, quando a sociedade empresária realiza negócios jurídicos (compra matéria-prima, celebra contrato de trabalho etc.), embora ela o faça necessariamente pelas mãos de seu representante legal, é ela, pessoa jurídica, como sujeito de direito autônomo, personalizado, que assume um dos polos da relação negocial. O eventual sócio que a representou não é parte do negócio jurídico, mas sim a sociedade.
>
> - *Titularidade processual*, a pessoa jurídica pode demandar e ser demandada. A ação referente a negócio da sociedade deve ser endereçada contra a pessoa jurídica e não os seus sócios ou seu representante legal. Quem outorga mandato judicial, recebe citação, recorre, é ela como sujeito de direito autônomo.
>
> - *Responsabilidade patrimonial*, em consequência, ainda, de sua personalização, a sociedade terá patrimônio próprio, seu, inconfundível e incomunicável com o patrimônio individual de cada um de seus sócios. Sujeito de direito personalizado autônomo pelas obrigações que assumir. Os sócios, em regra, não responderão pelas obrigações da sociedade. Somente em hipóteses excepcionais, poderá ser responsabilizado o sócio pelas obrigações da sociedade.

Conforme a doutrina a sociedade pode ser chamada de irregular: aquela que não promove o registro de seu ato constitutivo na Junta Comercial e, portanto, não possui personalidade jurídica. Assim, a doutrina diferencia "sociedade irregular" de "sociedade de fato". A sociedade de fato, é aquela que além de não promover seu registro, não possui sequer contrato social ou qualquer outro documento que tenha tal efeito.

Ora, o Código Civil não mais distingue o empresário irregular do de fato. Assim, denomina a sociedade irregular de "sociedades em comum" (Confira os arts. 986 a 990 CC). Do ponto de vista jurídico, as sociedades não personificadas subdividem-se em "sociedades em comum" e "sociedades em conta de participação". As sociedades não personificadas têm capacidade processual (CPC, art. 12, VII), isto é, podem ajuizar ou sofrer ações, mas não podem requerer a falência de eventual credor em razão da especialidade da lei de falência. (GUSMÃO, 2008, p. 87)

O fim da personificação da sociedade empresária, como se verá, resulta de todo um processo de extinção, também conhecido por dissolução em sentido largo, o qual compreende as seguintes fases: a) *dissolução*, em sentido estrito, que é o ato de desfazimento da constituição da sociedade; b) *liquidação*, que visa à realização do ativo e pagamento do passivo da sociedade; c) *partilha*, pela qual os sócios participam do acervo da sociedade. (COELHO, 2008, p. 113-114)

Em suma, como consequências negativas da falta de registro da sociedade empresário citam-se:

a) a ilegitimidade ativa para o pedido da falência e de recuperação judicial;

b) ineficácia probatória dos livros comerciais; e

c) responsabilidade ilimitada dos sócios pelas obrigações sociais.

c) Quanto à estrutura econômica as sociedades podem ser ***de pessoas*** ou ***de capital.*** As primeiras "são as que se constituem tendo em vista a pessoa dos sócios. Os sócios entre si, cada um deles, escolhem os seus companheiros. A sociedade assim se forma em atenção às qualidades pessoais dos sócios. Ninguém nela ingressa, nem nela se faz substituir, sem concordância dos demais sócios, importando o ingresso ou retirada em modificação do contrato". (REQUIÃO, 2007, p. 417) Diz-se das sociedades constituídas em função da qualidade pessoal dos sócios. Exs: *sociedades em nome coletivo*, *sociedade em comandita simples*, *sociedade em conta de participação*, *sociedade limitada*. Já, nas segundas (sociedades de capitais), "é indiferente à pessoa do sócio, prevalecendo o impessoalismo do capital, pois o acionista ingressa na sociedade ou dela se retira, sem dar atenção aos demais, pela simples aquisição e venda de suas ações". (REQUIÃO, 2007, p. 418)

Diz-se das *sociedades* constituídas tendo em atenção preponderantemente o capital social (ex: *sociedade anônima* e *sociedade em comandita por ações*).

Observa-se que a sociedade de capital e indústria prevista nos arts. 317 e seguintes do Código Comercial foi abolida no Código Civil. Esse tipo de sociedade era formado por duas espécies de sócios (o sócio capitalista e o de indústria) O primeiro, ingressava na sociedade com os fundos necessários e contribuía para a formação do capital; tinha responsabilidade ilimitada.

d) Quanto às espécies e, conforme a seu objeto e forma, as sociedades se classificam de várias formas, a saber:

- ***Sociedades simples***, diz-se dos vários tipos societários que a lei põe à disposição dos que pretendem explora atividade econômica conjuntamente. É o tipo de societário adequado, por exemplo, aos pequenos negócios, comércios ou prestadores de serviços não empresários. (Ver CC, art. 997). O CC determina a natureza contratual das sociedades simples ao dispor que [...] a sociedade constitui-se mediante contrato escrito, particular ou público. O contrato social deve ser inscrito no Registro Civil de Pessoas Jurídicas, no prazo de trinta dias após a sua constituição, no locar da sede da sociedade (ver CC, art. 998) como já ressaltado, o art. 983 do Código Civil admite que a sociedade simples se constitua de acordo com qualquer tipo societário previsto em lei (sociedade em nome coletivo, comandita simples, comandita por ações, sociedade limitada ou sociedade anônima), sendo, nesse caso, regida primeiramente pelas regras do tipo societário adotado. (GUSMÃO, 2008, p. 135-137)

As cooperativas nunca serão empresárias, mas necessariamente sociedades simples, independentemente de qualquer outra característica que as cerque (CC, art. 982, parágrafo único). (COELHO, 2008, p. 111)

Como características das sociedades simples destacam-se as seguintes:

a) espécie de sociedade com fim lucrativo, regida pelo CC.

b) exercem atividades econômicas.

c) destino do lucro – rateio entre os sócios.

d) regularidade – necessidade de registro dos atos no Registro Civil de Pessoa Jurídica.

e) incidência em insolvência se o passivo superar o ativo.

- ***Sociedades empresárias***, diz-se da sociedade que exerce atividade econômica organizada para a produção ou circulação de bens ou serviços, caso contrario será simples.

Conforme ensina Fran Martins (2008, p. 169), a sociedade empresária é "a organização proveniente de acordo de duas ou mais pessoas, que pactuam a reunião de capitais e trabalho para um fim lucrativo. A sociedade pode advir de contrato ou de ato correspondente; uma vez criada, e adquirindo personalidade jurídica, a sociedade se autonomiza, separando-se das pessoas que a constituíram".

Vê-se que o modo de exploração do objeto social é o critério de identificação da sociedade empresária. Contudo, este é um critério fundamental da definição:

> o critério material, que dá relevo à maneira de se desenvolver a atividade efetivamente exercida pela sociedade, na definição de sua natureza empresarial, é apenas excepcionando em relação às sociedades por ações. Estas serão sempre empresarias, ainda que o seu objeto não seja empresarialmente explorado (CC, art. 982, parágrafo único; LSA, art. 2º, § 1º). A sociedade anônima, em comandita por ações ou cooperativas, o enquadramento de uma sociedade no regime jurídico empresarial dependerá, exclusivamente, da forma com que explora seu objeto. Uma sociedade limitada, em decorrência, poderá ser empresária ou simples: se for exercente de atividade econômica organizada para a produção ou circulação de bens ou serviços, será empresário; caso contrário ou se dedicando a atividade econômica civil (sociedade de profissionais intelectuais ou dedicadas à atividade rural, sem registro na Junta Comercial), será simples. (COELHO, 2008, p. 111)

Assentadas estas premissas, a sociedade empresária pode ser conceituada como a pessoa jurídica de direito privado não estatal, que explora empresarialmente seu objeto social ou a forma de sociedade por ações. (COELHO, 2008, p. 111)

As sociedades empresárias apresentam as seguintes características.

a) espécie de sociedade com fim lucrativo e regida pelo Código Civil.

b) exercem atividade economicamente organizada (empresa).

c) destino do lucro – rateio entre os sócios.

d) regularidade – necessidade de registro dos atos no Registro Público de Empresas Mercantis.

e) incidência em falência, caracterizada a impontualidade, a execução frustrada ou a pratica de atos de falência.

A distinção entre sociedades simples e empresárias não reside, como se poderia pensar, no intuito lucrativo. Embora seja da essência de qualquer sociedade empresária a persecução de lucros – inexiste pessoa jurídica dessa categoria com fins filantrópicos, este é um critério insuficiente para destacá-la da sociedade simples. Isto porque também há sociedades não empresárias com escopo lucrativo, tais as sociedades de advogados, as rurais sem registro na Junta etc. O que irá, de verdade, caracterizar a pessoa jurídica de direito privado não estatal como sociedade simples ou empresária será o modo de explorar seu objeto. O objeto social explorado sem empresarialidade (isto é, sem profissionalmente organizar os fatores de produção) confere à sociedade o caráter de simples, enquanto a exploração empresarial do objeto social caracterizará a sociedade como empresária. (COELHO, 2008, p. 110)

Conforme ensina Mônica Gusmão, as sociedades *simples* e *empresárias* se diferenciam pelo modo pelo qual desenvolvem as atividades econômicas. É entendimento majoritário que a sociedade simples que optar por se constituir na forma de sociedade por ações deve ser considerada empresária por força de lei. Em resumo: se a sociedade simples adotar os tipos sociedades anônima, e comandita por ações, será considerada empresária por força de lei. A forma (sociedade por ações) prepondera sobre o objeto (atividade econômica não organizada) (GUSMÃO, 2008, p. 133). (Ver CC, art. 982, parágrafo único e Lei nº 6.404/76, art. 2º, § 1º)

Nas sociedades empresárias, a atividade econômica é organizada, há elemento de empresa diferente das sociedades simples, em que a atividade econômica é exercida pelos próprios sócios, ainda que com a ajuda de profissionais a eles ligados. A existência de uma sociedade pressupõe um acordo de vontade entre duas ou mais pessoas no sentido de realizarem determinadas atividades econômicas, e a partilha, entre si, dos resultados. (GUSMÃO, 2008, p. 52-53)

Assim, a atividade empresarial, como elemento da sociedade é o elemento responsável pela diferenciação entre sociedade simples e sociedade empresária. Isto porque a sociedade simples é caracterizada por explorar seu objeto social sem profissionalismo. Por exemplo: as cooperativas são consideradas sociedades simples, mesmo que explorem profissionalmente seu objeto. Já a sociedade empresária pode ser definida como a "pessoa jurídica de direito privado não estatal, que explora empresarialmente seu objeto social" (COELHO, 2008, p. 111). Há espécie de sociedades que sempre serão consideradas empresárias, independentemente da forma como exploram seu objeto social. Por exemplo, as sociedades por ações: toda sociedade anônima e toda sociedade em comandita por ações são consideradas sociedades empresárias mesmo que não explorem seu objeto social empresarialmente.

Diz-se que a sociedade simples explora atividade econômica específica (prestação de serviços de advocacia, por exemplo). E a sua disciplina jurídica se aplica subsidiariamente às sociedades empresárias contratuais e às cooperativas. A sociedade empresária, por sua vez, é a que explora empresa, ou seja, desenvolve atividade econômica de produção ou circulação de bens ou serviços, normalmente sob a forma de sociedade limitada ou anônima. (REQUIÃO, 2007, p. 420)

e) Quanto à responsabilidade dos sócios pelas obrigações sociais, conforme a responsabilidade dos sócios as sociedades podem ser classificadas na seguinte forma:

- *Sociedades limitadas*, quando o contrato social restringe a responsabilidade dos sócios ao valor de suas contribuições ou à soma do capital social (sociedade por cotas de responsabilidade limitada e sociedades anônimas);

- *Sociedades ilimitadas*, quando todos os sócios assumem responsabilidade ilimitada e solidária.

Observe-se que a responsabilidade dos sócios pelas obrigações sociais é sempre subsidiária. Significa dizer que o patrimônio social irá suportar até sua escassez as obrigações contraídas pela sociedade. Após esse esgotamento é que se podem atingir os bens dos sócios. Quando a lei menciona "responsabilidade solidária", está fazendo referência à responsabilidade entre os sócios e não entre estes e a empresa.

Para ter ingresso em uma sociedade, deve-se contribuir para a formação do capital social, subscrevendo sua participação com uma contribuição que pode ser paga à vista ou a prazo. Na medida em que se paga o valor subscrito, vai sendo integralizada a participação societária, até que o capital subscrito esteja totalmente quitado, ou seja, integralizado.

f) Quanto ao tipo, as sociedades se classificam em: *sociedade em nome coletivo* (CC art. 1.039 e ss.), *sociedade em comandita simples* (CC art. 1.045 e ss.), *sociedade limitada* (CC art. 1.520 e ss.), *sociedade anônima* (CC art. 1.088 e 1.089.), *sociedade em comandita por ações* (CC art. 1.090 e 1.092.), *sociedade simples pura* (CC art. 997).

3.4.1.1.1 Sociedade Anônima: valores mobiliários e mercado de capitais

As Sociedades por Ações são sociedades *institucionais* também chamadas de Sociedades de Capitais, pois as pessoas dos sócios não interferem na estrutura social, têm os seus atos constitutivos regidos pelos princípios constantes da lei especial que as regula. Neste tipo de sociedade os sócios podem mudar de Estado ou ser substituídos sem que se altere a estrutura social. (MARTINS, 2008, p. 176, 184)

O surgimento desses modelos societário, conforme ensina Gladston Mamede (2005, p. 111), identifica-se com o alvorecer da Idade Moderna e do Mercantilismo. Eis que os grandes empreendimentos de navegação, para a Ásia (Índias Orientais) ou para a América (Índias Ocidentais), demandavam grandes somas de dinheiro. Para financiar tais empresas, os holandeses criaram a Companhia das Índias Ocidentais e, depois, a Companhia das Índias Orientais, organizando o estatuto e a estrutura das sociedades antes de abrirem a oportunidade para que qualquer um, querendo, investisse na companhia. Diversos anônimos, isto é, pessoas que não eram obrigatoriamente conhecidas dos fundadores, aderiam ao empreendimento, adquirindo títulos societários que lhes devam direito a participar das deliberações da sociedade e a receber parte dos lucros da empresa, tendo por garantia o fato de que, uma vez pago o valor do investimento, não seriam responsabilizados por eventuais prejuízos registrados com o empreendimento.

As sociedades anônimas são igualmente denominadas companhia; são consideradas pessoas jurídicas de direito privado constituídas por dois ou mais acionistas, de natureza eminentemente empresarial, independentemente da atividade econômica desenvolvida por ela (art. 13 da Lei n. 6.404/76). O capital social é dividido em ações de igual valor nominal. A responsabilidade dos acionistas se limita ao preço de emissão das ações subscritas ou adquiridas.

A Sociedade Anônima tem um modo de constituição próprio e o funcionamento está condicionado às normas estabelecidas na lei ou no estatuto. Consideram-se sociedades institucionais ou normativas e não contratuais, uma vez que nenhum contrato liga os sócios entre si. O tipo da sociedade anônima tem regulamentação por leis especiais (MARTINS, 2008, p. 279). (Vejam-se os artigos 1.088 e 1.089 do CC)

A Sociedade Anônima é disciplinada pela lei n. Lei 6.404/76 (Lei das Sociedades por Ações - LSA). Todavia, nos casos omissos são aplicadas as disposições do Código Civil. O Código Civil de 2002 seria aplicável apenas nas omissões desta (art. 1.089). Já a sociedade em comandita por ações é referia nos arts. 1.090 a 1.092 de CC, e se submete, em caso de omissão dessas normas, ao regime da sociedade anônima.

A Sociedade Anônima ou companhia é a sociedade estatutária, cujo capital social está dividido em frações denominadas "ações", limitando-se a responsabilidade do sócio ao preço de emissão das ações subscritas ou adquiridas.

A estrutura de funcionamento da sociedade anônima estará delineada em seu estatuto social, aprovado quando a criação da sociedade, sendo levado a registro mercantil, ou seja, à Junta Comercial, dando início à existência da pessoa jurídica. (MAMEDE, 2005, p. 112)

a) Características. A Sociedade Anônima apresenta as seguintes características:

- *sociedade empresária*, mesmo que explore atividade econômica civil.
- *sociedade institucional* e não contratual.
- *sociedade de capital*, não existe impedimento à entrada de terceiro estranho ao capital social. Os títulos representativos da participação societária (ação) são livremente negociáveis. A entrada ou retirada de qualquer sócio não afeta a estrutura da sociedade. Nenhum dos acionistas pode impedir, por conseguinte, o ingresso de quem quer que seja no quadro associativo.
- *divisão do capital social em partes* (ações), geralmente, de igual valor nominal.
- *responsabilidade (dos sócios) limitada* apenas ao preço de emissão das ações subscritas ou adquiridas.
- podem ser *abertas* ou *fechadas*. Assim, prescrito no artigo 4º da Lei das Sociedades por Ações: "a companhia é aberta ou fechada conforme os valores mobiliários de sua emissão estejam ou não admitidos à negociação no mercado de valores mobiliários". Existe a possibilidade da subscrição do capital social mediante apelo ao público. Desta forma, "as sociedades anônimas se classificam em abertas ou fechadas, conforme tenham, ou não, admitidos à negociação, na Bolsa ou no mercado de balcão, os valores mobiliários de sua emissão". (COELHO, 2008, p. 185)
- uso de uma denominação ou nome de fantasia (sociedade anônima, por extenso ou abreviadamente). *Nome*: denominação ou nome fantasia (não utiliza firma ou razão social), acrescidos da expressão "S/A" ou antecedido da expressão "Companhia" ou "Cia".

Possui várias espécies de títulos (ações, partes beneficiárias, debêntures e bônus de subscrição), é regulamentada por diversos órgãos (Assembléias Gerais e Especiais, Diretoria, Conselho de Administração e Conselho Fiscal), devendo publicar seus atos no Diário Oficial e em jornal de grande circulação editado no local da sede da companhia (atos arquivados no registro do comércio).

b) Natureza jurídica. Conforme explica Fran Martins (2008, p. 284), as sociedades anônimas podem possuir qualquer objeto, desde que tenha este um fim lucrativo e não seja contrário à lei, à ordem pública e aos bons costumes. Qualquer que sena esse objeto, a sociedade será sempre considerada *empresarial*, não mais se admitindo que as sociedades anônimas se inscrevam no registro civil. O objeto da sociedade deve ser definido no estatuto de modo preciso e completo. A companhia pode ter por objeto participar de outras sociedades. Mesmo que essa participação não esteja permitida no estatuto, ela é facultada como meio de realizar o objeto social ou para aproveitar-se a sociedade de incentivos fiscais (Lei n. 6.404, art. 2º, §§ 2º e 3º).

As sociedades anônimas vivem em função do seu capital. Este será formado pela contribuição de todos os sócios, devendo ser sempre expresso em moeda nacional, muito embora possa ser formado com qualquer espécie de bens, corpóreos ou incorpóreos, desde que sejam suscetíveis de avaliação em dinheiro. O capital social deve ser fixado pelo estatuto. (MARTINS, 2008, p. 289)

c) Responsabilidade jurídica: obrigações dos sócios. A responsabilidade dos acionistas será limitada ao preço de emissão das ações subscritas ou adquiridas por eles. Assim, ao integralizar completamente o valor das ações subscritas, o acionista não mais responderá pelas obrigações sociais, pois não há solidariedade entre os sócios, diferentemente do que ocorre com os sócios da sociedade limitada. Quando o sócio ou acionista contribui para a formação do capital com dinheiro, será apenas obrigado a integralizar o número de ações que subscreveu na formação da sociedade. Se por acaso, o acionista deixar de satisfazer essa obrigação principal, nos prazos marcados, se sujeita à ação por parte da sociedade, já que ao subscrever ou adquirir as ações, constitui-se devedor à pessoa jurídica das importâncias das mesmas. A sociedade poderá, desse modo, acioná-lo para o recebimento do preço das ações devidas e, até, caso não seja satisfeita a obrigação, vender ditas ações, pagando-se das importâncias em débito. Contribuindo o sócio, na constituição das sociedades, com qualquer espécie de bens, sejam móveis ou imóveis, corpóreos ou incorpóreos, deverão esses, antes de sua incorporação, ser avaliados por peritos para a verificação exata do seu valor. (MARTINS, 2008, p. 289)

O nome do sócio na denominação da sociedade não lhe dará maior responsabilidade do que a que têm todos os acionistas, ou seja, a de responder, cada um, perante a sociedade, pelas importâncias das ações subscritas ou adquiridas. Nas obrigações sociais, os diretores ou gerentes da sociedade empregarão sempre a denominação, que deve ser seguida do nome do diretor, para identificação deste. (MARTINS, Fran, 2008, p. 285)

Resumindo, a Sociedade Anônima é o modelo societário mais utilizado, principalmente nos casos das conhecidas grandes empresas, onde o capital encontra-se dividido em ações e cada acionista é responsável apenas pelo preço de emissão de suas próprias ações (responsabilidade limitada e não solidária). Como exemplos de sociedades anônimas figuram as grades corporações, a saber:

a) Banco do Brasil S.A
b) Lojas Americanas S.A
c) Primav EcoRodovias S.A
d) Aracruz Celulose S.A
e) Petróleo Brasileiro S.A (PETROBRAS)
f) Banco de Investimento S.A
g) Têxtil Tabacow S.A etc.

As sociedades anônimas ou companhia se classificam em aberta ou fechada, assim, prescrito no art. 4º da Lei das Sociedades Anônimas as distingue:

> Para os efeitos desta lei, a companhia é aberta ou fechada conforme os valores mobiliários de sua emissão estejam ou não admitidos à negociação no mercado de valores mobiliários.

d) Distinção entre Sociedades Anônimas abertas e fechadas

- *Sociedade anônima aberta*. A sociedade anônima será aberta quando negociar seus valores mobiliários no mercado de capitais, ou seja, os títulos emitidos pelas companhias abertas são ofertados ao público em geral. Significa que os valores mobiliários (ações, debêntures, partes beneficiárias etc.) são admitidos à negociação nas bolsas de valores ou mercado de balcão, devendo, portanto, ser registrada e ter seus valores mobiliários registrados perante a CVM (Comissão de Valores Mobiliários). Para que a companhia possa negociar seus títulos com o público, necessita de uma autorização da Comissão de Valores Mobiliários – CVM. Em virtude dessa formalidade a constituição da sociedade anônima aberta somente se dá por subscrição pública. A emissão de suas ações é pública e realizada pela CVM.

- *Sociedade anônima fechada*. São aquelas que não negociam seus títulos mobiliários no mercado de capitais, ou seja, não oferecem ao público seus títulos e ações. Elas são menos complexas e sua constituição se dá por subscrição particular.

Diz-se que esta modalidade de sociedades (anônimas) só surgiram no século XVII e as sociedades limitadas, no século XX, quando a maioria dos negócios ainda era financiada pelo capital familiar. (FINKELSTEIN, 2005, p. 39)

3.5 Recuperação de empresa

A Lei n. 11.101/2005 inaugurou uma nova fase no direito empresarial brasileiro, qual seja, a empresa foi conduzida de mero sujeito de direito e obrigações de nosso ordenamento jurídico a principal fator de desenvolvimento econômico do país. (GABRIEL, 2008, p. 229)

Na citada lei se dispõe:

> Art. 47. A recuperação judicial tem por objetivo viabilizar a superação da situação de crise econômico-financeira do devedor, a fim de permitir a manutenção da fonte produtora, do emprego dos trabalhadores e dos interesses dos credores, promovendo, assim, a preservação da empresa, sua função social e o estímulo à atividade econômica.
>
> Art. 48. Poderá requerer recuperação judicial o devedor que, no momento do pedido, exerça regularmente suas atividades há mais de 2 (dois) anos e que atenda aos seguintes requisitos, cumulativamente:
>
> I- não ser falido e, se o foi, estejam declaradas extintas, por sentença transitada em julgado, as responsabilidades daí decorrentes;
>
> II- não ter, há menos de 5 (cinco) anos, obtido concessão de recuperação judicial;
>
> III- não ter, há menos de 5 (cinco) anos, obtido concessão de recuperação judicial com base no plano especial de que trata a Seção V deste Capítulo;
>
> IV- não ter sido condenado ou não ter, como administrador ou sócio controlador, pessoa condenada por qualquer dos crimes previstos nesta Lei.
>
> § 1º A recuperação judicial também poderá ser requerida pelo cônjuge sobrevivente, herdeiros do devedor, inventariante ou sócio remanescente.
>
> § 2º Tratando-se de exercício de atividade rural por pessoa jurídica, admite-se a comprovação do prazo estabelecido no caput deste artigo por meio da Declaração de Informações Econômico-fiscais da Pessoa Jurídica - DIPJ que tenha sido entregue tempestivamente.

3.5.1 A insolvência empresarial

O empresário que contrai obrigações e não as cumpre no prazo e forma estipulados encontra-se insolvente por aplicação analógica do art. 394 do CC por meio do qual considera-se em mora o devedor que não efetuar o pagamento e o credor que não quiser recebê-lo no tempo, lugar e forma que a lei ou a convenção estabelecer. Em se tratando de devedor empresário, além dos meios ordinários de cobrança (ação de cobrança; ação de execução contra devedor solvente, ação cambiária e ação monitória), se sujeita também à aplicação da legislação concursal (Lei n. 11.101/2005), podendo concorrer à falência ou requerer a sua recuperação judicial. (GABRIEL, 2008, p. 229)

3.5.2 Princípio da preservação e continuidade da empresa e justiça social

Assim, a atividade empresarial rege-se pelo princípio da preservação da empresa, por ser a empresa um dos principais fatores de desenvolvimento econômico no regime capitalista, do ponto de vista jurídico, social e econômico, é interessante a manutenção da empresa, razão pela qual será considerada como regra a sua preservação. (GABRIEL, 2008, p. 230)

3.5.2.1 Processo falimentar

Falência é o processo de execução coletiva, no qual todo o patrimônio de um empresário decretado falido, pessoa física ou jurídica, é arrecadado, visando o pagamento da universalidade de seus credores, de forma completa ou proporcional. Diz-se de um processo complexo em que ocorrem a arrecadação dos bens do falido, a sua administração, verificação dos créditos, pagamento de credores e apuração de eventuais crimes falimentares. (FINKELSTEIN, 2005, p. 191)

Conforme o art. 94 da Lei n. 11.101/2005:

> Art. 94. Será decretada a falência do devedor que:
> I- sem relevante razão de direito, não paga, no vencimento, obrigação líquida materializada em título ou títulos executivos protestados cuja soma ultrapasse o equivalente a 40 (quarenta) salários-mínimos na data do pedido de falência;
> II- executado por qualquer quantia líquida, não paga, não deposita e não nomeia à penhora bens suficientes dentro do prazo legal;
> III- pratica qualquer dos seguintes atos, exceto se fizer parte de plano de recuperação judicial:
> a) procede à liquidação precipitada de seus ativos ou lança mão de meio ruinoso ou fraudulento para realizar pagamentos;
> b) realiza ou, por atos inequívocos, tenta realizar, com o objetivo de retardar pagamentos ou fraudar credores, negócio simulado ou alienação de parte ou da totalidade de seu ativo a terceiro, credor ou não;
> c) transfere estabelecimento a terceiro, credor ou não, sem o consentimento de todos os credores e sem ficar com bens suficientes para solver seu passivo;
> d) simula a transferência de seu principal estabelecimento com o objetivo de burlar a legislação ou a fiscalização ou para prejudicar credor;
> e) dá ou reforça garantia a credor por dívida contraída anteriormente sem ficar com bens livres e desembaraçados suficientes para saldar seu passivo;
> f) ausenta-se sem deixar representante habilitado e com recursos suficientes para pagar os credores, abandona estabelecimento ou tenta ocultar-se de seu domicílio, do local de sua sede ou de seu principal estabelecimento;
> g) deixa de cumprir, no prazo estabelecido, obrigação assumida no plano de recuperação judicial.
> § 1º Credores podem reunir-se em litisconsórcio a fim de perfazer o limite mínimo para o pedido de falência com base no inciso I do **caput** deste artigo.
> § 2º Ainda que líquidos, não legitimam o pedido de falência os créditos que nela não se possam reclamar.
> § 3º Na hipótese do inciso I do **caput** deste artigo, o pedido de falência será instruído com os títulos executivos na forma do parágrafo único do art. 9º desta Lei, acompanhados, em qualquer caso, dos respectivos instrumentos de protesto para fim falimentar nos termos da legislação específica.

> § 4º Na hipótese do inciso II do **caput** deste artigo, o pedido de falência será instruído com certidão expedida pelo juízo em que se processa a execução.
>
> § 5º Na hipótese do inciso III do **caput** deste artigo, o pedido de falência descreverá os fatos que a caracterizam, juntando-se as provas que houver e especificando-se as que serão produzidas.

A declaração da falência tem como escopo preservar o crédito público. Assim, o requerimento de falência deve ser a última opção do credor. Isso porque, quando denunciada a letalidade patrimonial do devedor, são ultrapassadas as fronteiras da relação obrigacional e atingidos todos os demais credores. A falência permite que os credores sejam tratados de forma proporcional ao seu crédito no conjunto de bens que compõem o patrimônio do devedor. Por esse motivo é que a atual legislação prioriza a recuperação da empresa. (FINKELSTEIN, 2005, p. 191)

De acordo com o direito brasileiro, são necessários os seguintes requisitos para que fique caracterizada a falência.

a) condição de insolvência do devedor;

b) caráter de empresarialidade do devedor; e

c) sentença judicial, decretando a falência.

Estes requisitos são cumulativos. O empresário pode estar em situação de insolvência, mas ele não será considerado falido se uma sentença judicial assim não o determinar. Todavia, não pode ser decretada falência para pessoas jurídicas que não sejam empresas. (FINKELSTEIN, 2005, p. 191)

3.6 Teoria da desconsideração da personalidade jurídica

A teoria da desconsideração da personalidade jurídica foi aceita pela doutrina e pela jurisprudência muito antes de o legislador tratá-la em diplomas legais. No Brasil somente em 1990, com a promulgação do Código de Defesa do Consumidor, a teoria da desconsideração da personalidade jurídica mereceu regulamentação legislativa. Para se utilizar da citada teoria e desconsiderar-se a personalidade de ente legalmente constituído, faz-se necessário o exame casuístico para verificar se a pessoa jurídica está atuando dentro dos limites inerentes à sua normal atividade, em conformidade com os fins a que se propôs na sua constituição. Ademais, é preciso sopesar dois importantes princípios: prestigia-se a autonomia patrimonial e não se coíbe a fraude, ou coíbe-se a fraude e não se privilegia a autonomia patrimonial? (FINKELSTEIN, 2005, p. 36)

Entende-se que a teoria da desconsideração da personalidade jurídica conferiu ao juiz a possibilidade de ignorar a existência da pessoa jurídica para fins de responsabilizar o sócio que se oculta atrás da autonomia patrimonial, sempre que esta for utilizada para a concretização de uma fraude. Para a aplicação da teoria, é necessária a existência de uma fraude ou de um mau uso da pessoa jurídica, muito embora essa exigência esteja sendo relegada. Mas, existe uma adesão à teoria menor da desconsideração, acolhida em nosso ordenamento jurídico excepcionalmente no Direito do Consumidor e no Direito Ambiental, que incide como mera prova de insolvência da pessoa jurídica para o pagamento de suas obrigações, independentemente da existência de desvio de finalidade ou de confusão patrimonial. (FINKELSTEIN, 2005, p. 37)

A sociedade empresária, como sujeito de direito personalizado, tem patrimônio próprio, inconfundível com o patrimônio dos seus membros. Assim, a responsabilidade pelo adimplemento das obrigações contraídas pela sociedade recai sobre o patrimônio societário. No entanto, se os sócios de uma empresa, aproveitando-se desse expediente jurídico, cometem fraudes, resguardando seus patrimônios pessoais e lesando seus credores, pode ocorrer o que se denomina em doutrina de "desconsideração da personalidade jurídica".

Praticando ato fraudulento, será desconsiderada a personalidade jurídica da sociedade empresária, de forma a deixar atingir os bens pessoais dos sócios pelas obrigações fraudadas titularizadas pela empresa.

Observamos que a desconsideração não atinge de forma genérica os atos sociais. Apenas retira a eficácia dos atos fraudulentos. A sociedade subsiste para as demais atividades. No ordenamento jurídico brasileiro, a desconsideração da pessoa jurídica é prevista em diversos diplomas. O CC prevê a despersonalização da empresa em seu art. 50, nos seguintes termos:

> Art. 50. Em caso de abuso da personalidade jurídica, caracterizado pelo desvio de finalidade, ou pela confusão patrimonial, pode o juiz decidir, a requerimento da parte, ou do Ministério Público quando lhe couber intervir no processo, que os efeitos de certas e determinadas relações de obrigações sejam estendidos aos bens particulares dos administradores ou sócios da pessoa jurídica.

3.7 Dissolução societária

A dissolução societária pode ser *parcial* ou *total*. Na dissolução parcial a personalidade jurídica da sociedade continua a existir, mas acontece com a saída de um ou mais sócios. Já, a dissolução total é a forma pela qual os sócios buscaram o fim da sociedade, sem que exista a continuidade das suas atividades. Veja-se art. 51, caput, do Código Civil.

O termo dissolução pode ser usado em dois sentidos diferentes: para compreender todo o processo de término da personalidade jurídica da sociedade comercial (sentido alagado) ou para individuar o ato específico que desencadeia este processo ou que importa a desvinculação de um dos sócios do quadro associativo (sentido estrito). Isto é, usar-se-ia o termo extinção, processo de término da personalidade jurídica da sociedade mercantil, sendo a dissolução o ato que o desencadeia ou que desvincula da sociedade um dos sócios. (COELHO, 2008, p. 169-171)

Dissolução é o ato que desencadeia ou desvincula os sócios da sociedade, ensejando sua extinção. É o período de paralisação de todas as atividades sociais. As sociedades devem ser dissolvidas pelo mesmo instrumento (público ou particular) com que foram constituídas. A personalidade jurídica da sociedade somente se extingue com a baixa de seus atos constitutivos nos órgãos competentes. (Ver art. 1.105 do CC)

Conforme Mônica Gusman (2008, p. 263-273), a dissolução, em sentido amplo, compreende quatro fases:

a) dissolução propriamente dita;

b) liquidação;

c) partilha;

d) extinção da sociedade.

A *dissolução* propriamente dita é a fase que desencadeia as demais. Pode ser judicial ou extrajudicial. A sociedade somente obterá o arquivamento dos atos dissolutórios no órgão competente mediante o prévio cancelamento das suas inscrições cadastrais junto aos órgãos fiscalizadores e arrecadadores de tributos e contribuições (Receita Federal, INSS, FGTS etc.).

Liquidação é a fase que os negócios da sociedade são ultimados e o ativo realizado (vendido) para pagamento do passivo. É a fase em que se dá o fechamento de contas (Ver art. 1.037).

Partilha é a distribuição entre os sócios do remanescente da liquidação, se houver. A partilha somente é possível após o pagamento dos credores da sociedade. Os sócios podem, por maioria de votos, resolver que, antes de ultimada a liquidação, e após o pagamento dos credores, o liquidante faça rateio por antecipação da partilha nas assembléias dos sócios para a prestação final de contas após o pagamento do passivo e a partilha dos remanescentes. (Ver art. 1.107 e ss. do CC)

Extinção da sociedade. Com a aprovação das contas, encerra-se a liquidação e extingue-se a sociedade, averbando-se a ata assembléia no registro próprio. Feito isso, a sociedade perde a sua personalidade jurídica (ver art. 1.109). Observa-se que a falência não enseja a extinção das sociedades, e sim, a dissolução de pleno direito.

Conforme explica Fran Martins (2008, p. 190-191), a extinção das sociedades empresárias compreende períodos distintos: um período em que se paralisam todas as atividades externas da sociedade, a que se dá comumente o nome de dissolução; um período em que a sociedade realiza o seu ativo e liquida o passivo, ou seja, transforma todo o seu patrimônio em dinheiro e satisfaz os compromissos assumidos, a que se dá o nome de liquidação; e um período final, que em verdade não influi na extinção da sociedade, em que se faz a distribuição entre os sócios, convencional ou proporcionalmente, se não houve acordo no contrato social, dos lucros obtidos pela sociedade, tendo este o nome de partilha. Deverá, assim, para se extinguir, em primeiro lugar, a sociedade transformar todo o seu ativo em dinheiro, ou seja, realizar esse ativo e solver os compromissos assumidos. Depois de satisfeitos esses requisitos e arquivados os documentos relativos à liquidação no Registro Público de Empresas Mercantis e Atividades Afins (Lei n. 8.934, de 1994, art. 32, II, alíneas a) é que, na verdade, a sociedade se extinguirá, deixando de ser sujeito de direito.

Em suma, a dissolução societária parcial é comumente aplicada as sociedades limitadas, mas também se utiliza na sociedade anônima de capital fechado e na sociedade em conta de participação. Já, a dissolução total se aplica a todos estes tipos ou formas de sociedade prescrita no CC.

Diversas são as causas da dissolução societária parcial, a saber:

- a morte (art. 1.028 do Código Civil);

- a retirada ou recesso (art. 1.029) e;

- a exclusão ou expulsão do sócio (arts. 1.085 e 1.030 do Código Civil).

Todavia, as causas da dissolução total são:

- a declaração de falência da sociedade empresária e da insolvência civil do não empresário;

- o vencimento do prazo de duração;

- a dissolução extrajudicial;

- a falta posterior de, no mínimo, outro sócio;

- a extinção de autorização para funcionar;

- aquelas previstas no contrato social;
- a anulação da sociedade;
- a realização, o desaparecimento ou inexequibilidade do fim social;
- a dissolução judicial em face de uma causa justa;
- quando a sociedade inativa.

3.8 Deliberação dos sócios e dos credores em assembleias

A questão da deliberação dos sócios e dos credores em assembleias foi uma das novidades dos Código Civil em relação à sociedade limitada, assim prevista no art. 1.072.

Assim sendo, as deliberações e decisões serão tomadas em assembléia ou reunião, convocada pelos administradores caso a sociedade possua mais de dez sócios, relativamente aos seguintes assuntos:

- aprovação das contas da administração;
- designação dos administradores, quando feita em separado;
- destituição dos administradores;
- o modo de sua remuneração, quando não estabelecido no contrato;
- modificação do contrato social;
- incorporação, fusão e dissolução da sociedade, ou cessação do estado de liquidação;
- nomeação e destituição dos liquidantes e o julgamento de suas contas;
- pedido de concordata e;
- outros assuntos previstos em contrato.

Na deliberação sempre prevalecerá a decisão aprovada pela maioria dos sócios, independentemente do valor das quotas detidas por cada um. Existindo e persistindo empate, os sócios devem submeter a decisão ao juiz.

3.9 Capacidade jurídica do empresário individual: atos de registro

Quanto à concepção jurídica da empresa podemos dizer que: a formação da empresa coletiva processa-se por uma estruturação jurídica, retratada no contrato denominado contrato social ou contrato de sociedade. (ROQUE, 2006, p. 73)

Sob o ponto de vista jurídico, a profissão da empresa está expressa no seu objeto social, observada nos atos constitutivos da estrutura jurídica da empresa, na sociedade que lhe dá a forma legal. Ao estruturar-se juridicamente, a empresa coletiva tem, como primeiro ato, o ato constitutivo que estrutura a empresa: o contrato social ou contrato de sociedade. Nesse contrato deve constar obrigatoriamente a profissão da empresa, com o nome de "objeto social". (Veja-se a Lei da S/A – Lei 6.404/76 aprecia o objeto social da empresa, no art. 2º). (ROQUE, 2006, p. 75)

A empresa tem ainda uma qualificação como as pessoas físicas; tem nome, nacionalidade, profissão, domicílio e documentos que a identificam. As empresas adquirem personalidade jurídica e uma estrutura organizativa, graças a um contrato celebrado entre as pessoas que a constituirão, denominado contrato social. Esse contrato estabelece a sociedade entre os empresários, mas não dá à empresa existência jurídica, a não ser quando esse ato constitutivo e demais documentos estiverem registrados nos órgãos públicos competentes para tanto. Vários registros são necessários, mas o principal deles é o que vai proporcionar à empresa a certidão que declara sua existência legal: é o registro na Junta Comercial. O registro na Junta Comercial dá a conhecer a empresa, dando publicidade aos seus atos constitutivos; nele consta "status" jurídico, quem são os administradores que a dirigem, e outros informes, como o capital e endereço. (ROQUE, 2006, p. 107)

É obrigação da empresa registrar-se de acordo com a lei e só após receber a certidão de registro na Junta Comercial poderá ela exercer suas atividades. Não se registrando na Junta Comercial, será considerada empresa de fato, se exercer essas atividades. Assim sendo, poderá sofrer sérias consequências, pois não será considerada empresa mercantil. O Código Civil de 2002 chama a empresa nessas condições de "sociedade em comum" e a considera como "não personificada", ou seja, não possui personalidade jurídica. Não poderá adquirir direitos, como, por exemplo, impetrar a "recuperação judicial" nos termos da Lei 11.101, de 9 de fevereiro de 2005. (ROQUE, 2006, p. 110)

Não tendo existência legal, não adquiri direitos: não poderá representar-se em juízo, vale dizer, não poderá processar ninguém e se for processada não poderá defender-se. Poderá ter sua falência pedida, bastando a qualquer credor seu comprovar estar ela exercendo atividade empresarial. Não poderá pedir a autenticação de seus livros fiscais e contábeis, pois a Junta Comercial não poderá autenticá-los. O mais grave, porém, é no que toca à responsabilidade dos administradores da empresa de fato. Digamos que essa empresa se revista da forma societária de "sociedade limitada": as dívidas assumidas por essa empresa recairão solidária e ilimitadamente sobre todos os sócios.

Empresário, explica Fábio Ulhoa (2008, p. 11-15), é definido na lei como o profissional que exerce atividade econômica organizada para a produção ou a circulação de bens ou de serviços (CC, art. 966). Destacam-se da definição as noções de *profissionalismo*, *atividade econômica organizada* e *produção ou circulação de bens ou serviços*. Conforme explica o nosso autor:

- *Profissionalismo*, diz do exercício profissional de certa atividade. É o exercício associado à *habitualidade* (não é considerado profissional quem realiza tarefas de modo esporádico), à *pessoalidade* (o empresário, no exercício da atividade empresarial, deve contratar empregados, são estes que produzem ou fazem circular bens ou serviços) ao *monopólio* (das informações que o empresário detém sobre o produto ou serviço objeto de sua empresa. Este é o sentido com que se costuma empregar o termo no âmbito das relações de consumo).

- *Atividade*, se o empresário é o exercente profissional de uma atividade econômica organizada, então empresa é uma atividade; a de produção ou circulação de bens ou serviços. Assim, se alguém diz "a empresa faliu" ou "a empresa importou essas mercadorias", o termo é utilizado de forma errada, não técnica. A empresa, enquanto atividade, não se confunde com o sujeito de direito que a explora, o empresário. Não se pode confundir a empresa com o *local* em que a atividade é desenvolvida. O conceito correto nessas frases é o de estabelecimento empresarial. Também é equivocado o uso da expressão como sinônimo de *sociedades*. Não se diz "separam-se os bens da empresa e os dos sócios em patrimônios distintos", mas "separam-se os bens sociais e os dos sócios"; não se deve dizer "fulano e beltrano abriram uma empresa", mas "eles contrataram uma sociedade". Somente se emprega de modo técnico o conceito de empresa quando for sinônimo de *empreendimento*.

- *Econômica*. A atividade empresarial é econômica no sentido de que busca gerar lucro para quem a explora. Note-se que o lucro pode ser o objetivo da produção ou circulação de bens ou serviços, ou apenas o instrumento para alcançar outras finalidades.

- *Organizada*. A empresa é a atividade organizada, pois nela se encontram articulados, pelo empresário, os quatro fatores de produção: capital, mão de obra, insumo e tecnologia. Não é empresário quem explora atividade de produção ou circulação de bens ou serviços sem alguns desses fatores.

Estudo de Caso: Deve ser considerado empresário o comerciante de perfumes que leva ele mesmo à sacola, os produtos até os locais de trabalho ou residências dos consumidores?

Resposta:

Em princípio, explica Fábio Ulhoa, ele explora atividade de circulação de bens, fá-lo com intuito de lucro, habitualidade e em nome próprio, mas não é empresário, porque em seu mister não contrata empregado, não organiza mão de obra.

- *Produção de bens ou serviços.* Diz-se da fabricação de produtos ou mercadorias. Toda atividade de indústria é, por definição, empresarial. Produção de serviços, por sua vez, é a prestação de serviços. São exemplos de empresários que produzem bens: os donos de montadora de veículos, fábrica de eletrodomésticos, confecção de roupas; e dos que produzem serviços: os de banco, seguradoras, hospital, escola, estacionamento, provedor de acesso à internet.

- *Circulação de bens ou serviços.* A atividade de circular bens é a do comercio, em sua manifestação originária: ir buscar o bem no produtor para trazê-lo ao consumidor. É atividade de intermediação na cadeia de escoamento de mercadorias. O conceito de empresário compreende tanto o atacadista como o varejista, tanto o comerciante de insumos como o de mercadorias prontas para o consumo. Os donos de supermercados, concessionárias de automóveis e lojas de roupas são empresários.

- *Bens ou serviços.* Até a difusão do comércio eletrônico via Internet, no fim dos anos 1990, a distinção entre bens ou serviços não comportava, na maioria das vezes, maiores dificuldades. Bens são corpóreos, enquanto os serviços não têm materialidade. A prestação de serviços consistia sempre numa obrigação de *fazer*. Com a intensificação do uso da Internet para a realização de negócios e atos de consumo, certas atividades resistem à classificação nesses moldes. A assinatura de jornal-virtual, com exatamente o mesmo conteúdo do jornal-papel, é um bem ou serviço? Os chamados bens virtuais, como programas de computador ou arquivo de música baixada pela Internet, em que categoria devem ser incluídos? Mesmo sem resolver tais questões, não há dúvidas, na caracterização de empresário, de que o comércio eletrônico, em todas as suas várias manifestações, é atividade empresarial.

Junto à definição legal anteriormente abordada existe um consenso em identificar o empresário com o administrador. Assim, o empresário é também chamado de administrador ou dirigente, é conforme denominação do Código Civil (o administrado) a pessoa que dirige a empresa.

Assim sendo, "a atividade dos empresários pode ser vista como a de articular os fatores de produção, que no sistema capitalista são quatro: capital, mão de obra, insumo e tecnologia". (COELHO, 2008, p. 3)

Para Sebastião José Roque (2006, p. 91), seria interessante evitar as expressões: "empresário" e "dirigente" o quanto possível, para nos atermos à nomenclatura adotada pela Lei. Assim sendo, "empresário" é a expressão utilizada pelo artigo 966 do Código Civil para designar o componente da empresa individual. Vê-se que, segundo a lei, administrador é o dirigente de qualquer empresa e administrador é também o membro do Conselho da Administração de uma sociedade anônima. Perante o Código Civil "empresário" é o empresário individual. Porém as normas reguladoras da atividade do empresário individual alargam na aplicação da empresa coletiva, sociedade empresária e sociedade simples; as normas reguladoras do primeiro aplicam-se também à segunda e à terceira:

Empresário é a pessoa individual que se registra na Junta Comercial em nome próprio e exerce a atividade empresarial sozinho. É também chamado vulgarmente de empresa individual.

A definição legal de empresário contida no LIVRO II - Do Direito de Empresa -, TÍTULO I, Capítulo I, art. 966 do Código Civil facilita a compreensão da natureza das relações estabelecidas pelas empresas, a saber:

> Considera-se empresário quem exerce profissionalmente atividade econômica organizada para a produção ou circulação de bens ou de serviços. (grifo nosso)
>
> Parágrafo único. Não se considera empresário quem exerce profissão intelectual, de natureza científica, literária ou artística, ainda com o concurso de auxiliares ou colaboradores, salvo se o exercício da profissão constituir elemento de empresa.

Em verdade, a empresa há de desenvolver, de forma organizada (habitual e permanente) as atividades econômicas: produção ou circulação de bens ou de serviços.

A leitura comparada (confronto dos códigos Civil e CDC), todavia, nos ajuda a equiparar o conceito "empresário" com o conceito "fornecedor". Veja-se assim:

> Art. 3º Fornecedor é toda pessoa física ou jurídica, pública ou privada, nacional ou estrangeira, bem como os entes despersonalizados, que desenvolvem atividades de produção, montagem, criação, construção, transformação, importação, exportação, distribuição ou comercialização de produtos ou prestação de serviços.

Assim, como sujeito de direito o empresário pode ser pessoa física ou jurídica. No primeiro caso, denomina-se *empresário individual*; no segundo, *sociedade empresária.*

Conforme acentua Fábio Ulhoa (2008, p. 19-20), os sócios da sociedade empresária não são empresários. Quanto às pessoas (naturais) unem seus esforços para, em sociedade, ganhar dinheiro com a exploração empresarial de uma atividade econômica, elas não se tornam empresárias. A sociedade por elas constituída, uma pessoa jurídica com personalidade autônoma, sujeito de direito independente, é que será empresária, para todos os efeitos legais. Os sócios da sociedade empresária são empreendedores ou investidores, de acordo com a colaboração dada à sociedade (os empreendedores, além de capital, costumam devotar também trabalho à pessoa jurídica, na condição de seus administradores, ou as controlam; os investidores se limitam a aportar capital). As regras que são aplicáveis ao empresário individual não se aplicam aos sócios da sociedade empresária. É muito importante apreender isto, diz o citado autor.

O empresário individual, em regra, não explora atividade economicamente importante. As atividades de maior envergadura econômica são exploradas por sociedades empresárias *anônimas* ou *limitadas*, que são os tipos societários que melhor viabilizam a conjugação de capitais e limitação de perdas. Aos empresários individuais sobram os negócios rudimentares e marginais, muitas vezes ambulantes (economia informal?). Dedicam-se a atividades como varejo de produtos estrangeiros adquiridos em zonas francas (sacoleiros), confecção de bijuterias, de doces para restaurantes ou bufês, quiosques de miudezas em locais públicos, bancas de frutas ou pastelarias em feiras semanais etc. (COELHO, 2008, p. 20)

Veja-se aí, o confronto entre atividades econômicas informais versus atividade empresarial: mercado informal, economia subterrânea etc.

Em relação às pessoas físicas, explica Fábio Ulhoa (2008, p. 21), o exercício de atividade empresarial é vedado em duas hipóteses.

Primeira, para ser empresário individual serão observados os limites da capacidade jurídica (CC, arts. 972, 974 a 976).

Segunda, refere-se à proteção de terceiros e se manifesta em proibições ao exercício da empresa (CC, art. 973).

Assim, continua o autor, para ser empresário individual, a pessoa deve encontrar-se em pleno gozo de sua capacidade civil. No têm capacidade para exercer empresa, portanto, os menores de 18 anos não emancipados, ébrios habituais, viciados em tóxicos, deficientes mentais, excepcionais e os pródigos, e, nos termos da legislação própria, os índios. Destaquese que o menor emancipado (por outorga dos pais, casamento, nomeação para emprego público efetivo, estabelecimento por economia própria, obtenção de grau em curso superior), exatamente por se encontrar no pleno gozo de sua capacidade jurídica, pode exercer empresa como o maior. No interesse do incapaz, prevê a lei hipótese excepcional de exercício de empresa: pode ser empresário individual o incapaz autorizado pelo juiz. O exercício da empresa por incapaz autorizado é feito mediante representação (se absoluta a incapacidade) ou assistência (se relativa). (COELHO, 2008, p. 21)

Conforme ensina Fábio Ulhoa Coelho, "o registro não órgão próprio não é da essência do conceito de empresário. Será empresário o exercente profissional de atividade econômica organizada para a produção ou circulação de bens ou serviços, esteja ou não inscrito no registro das empresas. Entretanto, o empresário não registrado não pode usufruir dos benefícios que o direito comercial libera em seu favor, de sorte que a eles se aplicam a seu favor, de sorte que a eles se aplicam restrições, quando se tratar de exercente individual da empresa" (COELHO, 2008, p. 42). Vejam-se arts. 97, 51, V da LF, art. 1.181 do CC, 379 do CPC, 178 da LF., 990 do CC.

De qualquer forma, a legislação vigente estabelece obrigações para os empresários, excepcionando os microempresários e empresários de pequeno porte, a saber:

- *Inscrição no Registro Público de Empresas Mercantis da respectiva sede, antes do início de sua atividade*, bem como das respectivas alterações contratuais, no prazo de 30 (trinta) dias seguintes à assinatura do ato.

Condição "*sine qua non*" para o exercício da atividade empresarial é o registro do empresário no órgão público competente, neste caso o Registro Público de Empresas Mercantis e Atividades Afins da respectiva sede. A inscrição do empresário na Junta Comercial, órgão em cada Estado, é tarefa mais fácil do que a dos demais tipos de empresas. Basta fazer um requerimento dirigido à Junta Comercial; o impresso desse requerimento é encontrado nas papelarias, existindo diversas nas proximidades da Junta Comercial; é paga pequena taxa em bancos. (ROQUE, 2006, p. 97)

O requerimento deve conter o nome, nacionalidade, estado civil, e, se casado, o regime de bens. Deve constar a "firma", com a respectiva assinatura autógrafa. Há o mau uso do termo "firma" ao atribuir-lhe o significado de empresa, mas a firma é assinatura. No caso do empresário, sua firma é a sua assinatura, a forma com que assina seus documentos. Essa assinatura é também chamada "razão individual". O registro deve indicar o objeto social, que é o ramo de atividade, a profissão da empresa, sendo referido também como "segmento de marcado". O objeto social deve ser bem explícito, como por exemplo, "indústria de tintas e vernizes", "comércio varejista de calçados", "comércio e indústria de artefatos de plástico". Deve ser também indicado o local de sua sede; o domicílio da empresa. Não existe pessoa física ou jurídica sem domicílio, e a Junta Comercial não fará o registro sem constar o domicílio da empresa ou do empresário. Com todas as indicações acima (exigidas pelo art. 968) a inscrição será tomada por termo no livro próprio do Registro Público de Empresas Mercantis e Atividades Afins e obedecerá a número de ordem continuo para todos os empresários inscritos. À margem da inscrição, e com as mesmas formalidades, serão averbadas quaisquer modificações nela ocorrentes. A averbação é o registro que se faz em outro registro. Por exemplo: o Registro de Imóveis, em que se encontra inscrito um imóvel, a hipoteca desse imóvel deve ser averbada nesse registro. No registro de casamento de um casal, se eles divorciarem, a sentença do divórcio deve ser averbada no registro de seu casamento. (ROQUE, 2006, p. 98)

No caso do empresário aplica-se esse mesmo critério. Ele se inscreveu na Junta Comercial quando ainda era solteiro; se ele se casar, a certidão de casamento deve ser averbada no registro de Junta Comercial. Se for empresa coletiva, ou seja, sociedade, qualquer mudança na estrutura da empresa deve ser averbada, como aumento de capital, mudança de domicilio, morte de sócio, entrada de outro. (ROQUE, 2006, p. 98)

O empresário que instituiu sucursal, filial ou agencia, em lugar sujeito à jurisdição de outra Junta Comercial, nesta haverá também de inscrevê-la, com a prova da inscrição originária. O registro de empresas é instituição nacional, mas é feito em órgão estadual, a Junta Comercial, que tem sede em cada Estado e jurisdição apenas nele. Se a empresa for manter estabelecimento em outro Estado, deverá registrar-se também na Junta Comercial desse Estado (ROQUE, 2006, p. 98). Vê-se no CC:

> Art. 967. É obrigatória a inscrição do empresário no Registro Público de Empresas Mercantis da respectiva sede, antes do início de sua atividade.
>
> Art. 968. A inscrição do empresário far-se-á mediante requerimento que contenha:
> I - o seu nome, nacionalidade, domicílio, estado civil e, se casado, o regime de bens;
> II - a firma, com a respectiva assinatura autógrafa;
> III - o capital;
> IV - o objeto e a sede da empresa.
> § 1º Com as indicações estabelecidas neste artigo, a inscrição será tomada por termo no livro próprio do Registro Público de Empresas Mercantis, e obedecerá a número de ordem contínuo para todos os empresários inscritos.
> § 2º À margem da inscrição, e com as mesmas formalidades, serão averbadas quaisquer modificações nela ocorrentes.

> Art. 969. O empresário que instituir sucursal, filial ou agência, em lugar sujeito à jurisdição de outro Registro Público de Empresas Mercantis, neste deverá também inscrevê-la, com a prova da inscrição originária.
> Parágrafo único. Em qualquer caso, a constituição do estabelecimento secundário deverá ser averbada no Registro Público de Empresas Mercantis da respectiva sede.

A lei assegura tratamento favorecido e simplificado ao empresário rural e ao pequeno empresário (art. 970 do CC). O pequeno empresário, a que se refere a lei não é a microempresa ou a empresa de pequeno porte; esses tipos de empresa têm registro próprio e tratamento diferenciado. Tratamento também diferenciado é dado ao empresário rural, visto que o agricultor exerce atividades simples e dificilmente se adapta a trâmites costumeiros das empresas organizadas, como emissão de notas fiscais, de duplicatas, livros fiscais, registros e outras formalidades legais (ROQUE, 2006, p. 98). Vê-se no CC:

> Art. 970. A lei assegurará tratamento favorecido, diferenciado e simplificado ao empresário rural e ao pequeno empresário, quanto à inscrição e aos efeitos daí decorrentes.
>
> Art. 971. O empresário, cuja atividade rural constitua sua principal profissão, pode, observadas as formalidades de que tratam o art. 968 e seus parágrafos, requerer inscrição no Registro Público de Empresas Mercantis da respectiva sede, caso em que, depois de inscrito, ficará equiparado, para todos os efeitos, ao empresário sujeito a registro.

- *Seguir um sistema de contabilidade*, mecanizada ou não, com base na escrituração uniforme de seus livros, em correspondência com a documentação respectiva, com base nos arts. 1.179, 1.183 e 1.183 do CC. Conservar em boa guarda toda a escrituração concernente à atividade.

- *Levantar anualmente o balanço patrimonial* (indicação do ativo e passivo empresarial) e o de resultado econômico (indicação dos lucros e prejuízos), salvo nas hipóteses legais do balanço semestral (exigido das sociedades anônimas que, por força de lei ou de disposição estatutária, levantarem balanço semestral) (GUSMÃO, 2008, p. 45). (Veja-se art. 240 da Lei no 6.404/76).

Há certos requisitos para a pessoa natural requerer sua inscrição na Junta Comercial como empresário. O primeiro deles é ser dotado de personalidade jurídica e ter capacidade jurídica de praticar atos da vida civil (capacidade plena – 18 anos). Podem exercer a atividade de empresário os que estiverem em pleno gozo da capacidade civil e não forem legalmente impedidos (art. 972). A idade não é, porém, o único empecilho da capacidade e este problema está previsto nos arts. 1º a 5º do Código Civil. Incluem-se entre os incapazes os interditos, ou seja, os declarados judicialmente impedidos para a prática de atos referentes à atividade empresarial. É o caso daqueles que, por enfermidade ou deficiência mental, não tiverem o discernimento para a prática desses atos e também os ébrios habituais, os viciados em tóxicos, e os que, por deficiência mental, tenham o discernimento reduzido. Igualmente os excepcionais, sem desenvolvimento mental completo e os pródigos. A pesar desses impedimentos, será possível, em certas condições, suprir a capacidade, eliminando-se o impedimento. É o caso, por exemplo, do menor emancipado (ROQUE, 2006, p. 99). Vê-se no CC:

> Art. 972. Podem exercer a atividade de empresário os que estiverem em pleno gozo da capacidade civil e não forem legalmente impedidos.
>
> Art. 973. A pessoa legalmente impedida de exercer atividade própria de empresário, se a exercer, responderá pelas obrigações contraídas.
>
> Art. 974. Poderá o incapaz, por meio de representante ou devidamente assistido, continuar a empresa antes exercida por ele enquanto capaz, por seus pais ou pelo autor de herança.
> § 1º Nos casos deste artigo, precederá autorização judicial, após exame das circunstâncias e dos riscos da empresa, bem como da conveniência em continuá-la, podendo a autorização ser revogada pelo juiz, ouvidos os pais, tutores ou representantes legais do menor ou do interdito, sem prejuízo dos direitos adquiridos por terceiros.
> § 2º Não ficam sujeitos ao resultado da empresa os bens que o incapaz já possuía, ao tempo da sucessão ou da interdição, desde que estranhos ao acervo daquela, devendo tais fatos constar do alvará que conceder a autorização.
>
> Art. 975. Se o representante ou assistente do incapaz for pessoa que, por disposição de lei, não puder exercer atividade de empresário, nomeará, com a aprovação do juiz, um ou mais gerentes.
> § 1º Do mesmo modo será nomeado gerente em todos os casos em que o juiz entender ser conveniente.
> § 2º A aprovação do juiz não exime o representante ou assistente do menor ou do interdito da responsabilidade pelos atos dos gerentes nomeados.
>
> Art. 976. A prova da emancipação e da autorização do incapaz, nos casos do art. 974, e a de eventual revogação desta, serão inscritas ou averbadas no Registro Público de Empresas Mercantis.
> Parágrafo único. O uso da nova firma caberá, conforme o caso, ao gerente; ou ao representante do incapaz; ou a este, quando puder ser autorizado.

3.10 Responsabilidade civil patrimonial do administrador da sociedade empresária

O legislador estabeleceu em relação aos administradores das instituições financeiras um regime próprio de apuração e efetivação de sua responsabilidade civil pelos danos experimentados pela sociedade anônima. A doutrina, por vezes, considera que o tratamento reservado pela lei aos administradores de instituições financeiras acaba por equipará-los aos acionistas diretores das sociedades em comandita por ações que, como é sabido respondem subsidiária e ilimitadamente pelas obrigações sociais referentes à sua gestão. Em outras ocasiões, os doutrinadores discutem se esta responsabilidade é objetiva, ou seja, independentemente da ocorrência de culpa ou dolo, ou subjetiva. (COELHO, 2008, p. 403)

Conforme entendimento de Fabio Ulhoa, o administrador de uma instituição financeira tem, rigorosamente, a mesma responsabilidade que o legislador atribui ao administrador de qualquer outra sociedade anônima. Assim, o administrador da instituição financeira responde pelos danos que ele causar à pessoa jurídica em decorrência do descumprimento dos deveres que a lei lhe reservou nos arts. 153 a 157 da LSA. Em síntese, responde pelos prejuízos decorrentes da má administração, e, portanto, tem a mesma responsabilidade que as demais pessoas a quem se atribui funções de administrador de patrimônio alheio, como ocorre, também com o administrador judicial da massa falida, por exemplo. Desta forma, se em função de um ato, omissivo ou comissivo, de má administração, o administrador de uma instituição financeira causar danos ao patrimônio da entidade, estará obrigado a indenizá-lo. Encontra-se, desta forma, na mesmíssima situação do diretor de uma companhia com outro objeto social que, por administrá-la mal, acarreta danos à sociedade. (COELHO, 2008, p. 404)

3.10.1 Empresa individual de responsabilidade limitada

Como explicado, a empresa individual é formada por um só componente, que se registra na Junta Comercial em nome próprio, sem ter sócio, portanto, sem contrato social, por não haver sociedade. A estruturação jurídica da empresa individual ou empresário individual dá-se pelo registro na Junta Comercial. (ROQUE, 2006, p. 80)

O exercício da atividade empresarial na forma individual é permitido a quem preencha os requisitos legais e se inscreva no Registro Público de Empresa Mercantis a cargo das Juntas Comerciais, mediante requerimento que contenha: sua qualificação civil, a firma com a respectiva assinatura, o capital a ser empregado no negócio, o objeto a ser exercido e a sede dos negócios (art. 968 do CC). Assim, a atividade empresarial será exercida individualmente por meio de firma individual, ou seja, os negócios serão praticados por meio do nome pessoal do empresário individual que em consequências assumirá de forma ilimitada a responsabilidade por todos os atos negociais praticados. Em razão disso, não há na firma individual como se separarem os bens do indivíduo (exercente do negócio) dos bens do negócio, razão pela qual seus bens pessoais estão sujeitos a responsabilidade pelas obrigações empresariais contraídas. Embora o exercício da atividade empresarial individual gere responsabilidade ilimitada para seu exercente, além da possibilidade de comprometer seu patrimônio pessoal, vem crescendo a cada ano em razão da simplificação de sua inscrição e registro. (GAB RIEL, 2008, p. 36-37)

Capítulo 4
Direito Cambiário

A atividade empresarial surgiu do escambo e posteriormente foi evoluindo até ser considerada como atividade econômica. Como atividade econômica, iniciou-se com a utilização do metal como moeda, e posteriormente, com a evolução social, percebeu-se a necessidade de se estabelecer um mecanismo para propiciar relações mercantis. Com a evolução social e econômica se introduz a materialização do crédito como elemento necessário a sua segurança, nascendo, assim, o título de crédito. (GABRIEL, 2008, p. 99)

4.1 Princípios gerais do Direito Cambiário

Conforme doutrina nacional três são os princípios que informam o regime jurídico cambial: cartularidade, literalidade e autonomia (COELHO, 2008, p. 233):

a) Cartularidade. O título, representativo do direito de crédito, se objetiva num documento. Isto possibilita que o direito possa-se exercitar em virtude do documento. Assim sendo, o documento é imprescindível à existência do direito nele apontado e necessário para sua exigibilidade. Em suma o título é um documento (cártula);

b) Literalidade. Por ser um documento predomina sua literalidade, documento ou escritura, onde se declara seu valor. Assim, o título é literal, isto é, obedece ao que está rigorosamente escrito no documento. Deste sentido, o direito que o título confere a seu portador corresponde-se com o valor nele formalmente declarado (escrito).

c) Autonomia. Significa que as obrigações representadas por um mesmo título de crédito são independentes entre si. Fala-se, assim, da independência das obrigações representadas num título de crédito. Assim, a obrigação contida no documento é autônoma, existe por si só, de modo que o adquirente ou portador do título pode exercitar seu direito sem qualquer dependência das outras relações obrigacionais que o antecederam. Conforme explica Ulhoa (2008, p. 235) o princípio da autonomia se desdobra em dois subprincípios, a *inoponibilidade* e a *abstração*. A *inoponibilidade* das exceções pessoais aos terceiros de boa-fé, é tão somente uma característica pessoal que delimita as matérias que poderão ser arguidas como defesa pelo devedor de um título de crédito executado. A *abstração* é uma formulação que dá relevância à ligação entre o título de crédito e a relação, ato ou fato jurídico que deram origem à obrigação por ela representada.

4.2 Títulos de crédito

Conforme ensina Fabio Ulhoa (2008, p. 231), "títulos de crédito são documentos representativos de obrigações pecuniárias. Não se confundem com a própria obrigação, mas se distinguem dela na exata medida em que a representa".

Títulos de crédito são formas disciplinadas em lei representativas do crédito por meio de uma cártula especialmente criada para essa finalidade, como se vê no art. 887 do CC: "O título de crédito, documento necessário ao exercício de direito literal e autônomo nele contido, somente produz efeito quando preencha os requisitos da lei". Os títulos de créditos, junto com os contratos, representam as principais fontes de exteriorização das obrigações (art. 219 do CC). (GABRIEL, 2008, p. 99)

A moeda, além de ser o meio normal de pagamento, sempre representou o instrumento de troca por excelência. Sua origem é remota, uma vez que desde os primórdios da civilização os homens já trocavam objetos que lhes sobravam por outros que não tinham. O desenvolvimento da moeda passou por diferentes fases, como a utilização do sal, do gado e de outros bens como meio de pagamento. Posteriormente foram criadas as moedas metálicas. Na sequencia, o papel-moeda. O transporte de moeda, porém, muitas vezes mostrou-se complicado, motivo pelo qual foram criados os chamados títulos de créditos, que substituíram a própria moeda. (FINKELSTEIN, 2005, p. 107)

Por esse motivo os títulos de créditos passaram a ser documentos representativos de obrigações pecuniárias. Eles desempenharam uma função econômica à medida que substituíram a própria moeda.

Assim, determinadas obrigações começaram a ser representadas por diferentes instrumentos jurídicos. Nesse sentido, o credor de uma obrigação representada por um título de credito teria direitos, de conteúdo operacional diversos do que teria se a mesma obrigação não se encontrasse representada por um título de crédito. Os títulos de créditos possibilitariam, assim, a execução imediata do valor devido. O melhor conceito de título de crédito foi elaborado por Vivante, aquele também reconhecido pela doutrina nacional:

"documento necessário para o exercício do direito, literal e autônomo, nele mencionado". (COELHO, 2008, p. 231-233)

Devido ao desenvolvimento do comércio internacional, passou a ser necessária a regulamentação padronizada dos instrumentos que possibilitavam a realização das relações comerciais. Surgiria, assim, em 1930, com a Convenção de Genebra, a Lei Uniforme, válida para 25 países. No Brasil, desde 1908 vigorou a Lei Cambial (Decreto n. 2.044/1908) regulador da matéria. (FINKELSTEIN, 2005, p. 107-108)

4.2.1 Características dos títulos de crédito

Com o objetivo de garantir a sua circulação segura, os títulos de créditos apresentam certas características essenciais, a saber (FINKELSTEIN, 2005, p. 109):

a) Literalidade, significa que o direito deve ser observado segundo o teor do documento;

b) Autonomia, significa que a posse de boa-fé do título enseja um direito próprio;

c) Cartularidade, significa que, enquanto o título existir fisicamente, o seu possuidor deverá apresenta-lo para exercer o direito nele mencionado. Nesse sentido, documento e direito se confundem.

Os títulos de crédito possuem também os seguintes atributos:

d) Negociabilidade, por facilitar a circulação do crédito e;

e) Executividade, por possibilitar uma maior eficiência na cobrança.

Em suma, os títulos de crédito podem ser usados como garantia para a contratação de um empréstimo bancário, assim como poderia também ser usado como forma de pagamento a um credor, bastando para tanto, endossar o referido título de crédito.

4.2.2 Classificação dos títulos de crédito

Os títulos de crédito classificam-se da seguinte forma: a) quanto ao negócio de origem; b) quanto à circulação; c) quanto ao modelo; d) quanto à tipicidade; c) quanto ao emissor. Vejamos.

a) Quanto ao negócio de origem os títulos de créditos podem ser *abstratos* ou *causais*. Os abstratos são aqueles que, uma vez emitidos, desvinculam-se, completamente, da causa que lhes deu origem (exemplos: a nota promissória e a letra de cambio). Os causais são aqueles no qual o negócio jurídico que lhe deu origem, por força da lei, vincula-se ao título de tal sorte que produz efeitos sobre a sua vida jurídica.

b) Quanto à circulação os títulos de créditos poderão ser: *ao portador* ou *nominativos*. Nos títulos de crédito ao portador, não há qualquer identificação do beneficiário, o que facilita a circulação do título; a mera tradição é suficiente para a transmissão do título de crédito. Os nominativos indicam o nome do beneficiário. Podem ter a cláusula "à ordem" ou "não à ordem". Os títulos nominativos com cláusulas "à ordem" podem ser transferidos por endosso. Já os títulos nominativos com a cláusula "não à ordem" não são transferíveis por endosso, mas somente por cessão civil de crédito.

c) Quanto ao modelo podem ser *livre* ou *vinculado*. Os livres são aqueles que não apresentam forma própria, ou seja, padrão previamente estabelecido (exemplo, a nota promissória). Já os vinculados possuem um padrão previamente definido para o preenchimento dos requisitos de cada um (exemplo, o cheque, que se apresenta na forma de formulário fornecido pelos bancos).

d) Quanto à tipicidade os títulos de crédito podem ser *típicos* ou *atípicos*. Os típicos são aqueles definidos em lei (nota promissória, letra de cambio, conhecimento de depósito, conhecimento de transporte, duplicata, cheque etc.). Os atípicos não estão definidos em lei; a eles se aplicam as disposições do Código Civil de 2002.

c) Quanto ao emissor os títulos poderão ser *públicos*, aqueles emitidos pelo Estado ou por qualquer pessoa jurídica de direito público, ou *privados*, aqueles emitidos por pessoas de direito privado.

4.3 Atos cambiários

O direito cambiário especifica diversos atos que facilitam a operacionalização e a circulação dos títulos de créditos, quais sejam:

a) saque, que significa o ato de lançamento do título de crédito, ou seja, a operação pela qual o sacador indica o nome de outro, como possível obrigação;

b) aceite, que é o ato cambiário em que o sacado de um título de crédito concorda em cumprir a ordem que lhe é dada e se vincula ao pagamento do título;

c) endosso, ato pelo qual o credor de um título de crédito à ordem transfere o seu direito de crédito a outra pessoa e torna-se coobrigado pela satisfação do crédito. Endossante é aquele que transfere o título de crédito. Endossatário é aquele para quem o título é transferido por meio do endosso;

d) aval é uma garantia de pagamento. Diz-se da obrigação cambiária assumida por alguém como uma garantia de pagamento firmada por terceiro. Avalista assume a posição de devedor e o avalizado é aquele em favor de quem foi prestado o aval;

e) pagamento significa o cumprimento da obrigação cambiária assumida que constitui a meta principal da emissão de um título de crédito e;

f) protesto é o ato formal extrajudicial que objetiva conservar e ressalvar direitos e demonstrar que não foi efetuado o pagamento de um título de crédito. Trata-se de um meio de prova de que não foi efetuado o pagamento de título de crédito. É a ato pelo qual se declara o não-cumprimento da obrigação cambial.

4.4 Títulos de créditos em espécie

a) Letra de câmbio é um título de crédito abstrato por meio do qual o *sacador*[5] dirige ao *sacado*[6] uma ordem para que este pague a importância consignada no próprio título (documento) a um terceiro denominado *tomador*[7].

A letra de câmbio é um documento formal. Assim, para produzir efeitos se exige o cumprimento de requisitos essenciais, tais como:

- a denominação "Letra de Câmbio";

- a especificação de determinada quantia e dinheiro e o tipo de moeda;

- o nome do sacado (pessoa que deve pagar) e do beneficiário (tomador) e a assinatura do sacador;

- o local do pagamento; e

- a data e o local do saque.

---

[5] *Sacador* é aquele que emite a ordem de pagamento, isto é, manda o outro pagar.
[6] *Sacado* é aquele que paga.
[7] *Tomador* é o beneficiário em favor de quem a ordem é dada, isto é, o credor do título de crédito.

Exemplo de Letra de Câmbio[8]

b) Nota Promissória é uma promessa de pagamento feita, por escrito, por uma pessoa em favor de outra. Diz-se de um título de crédito *abstrato,* uma promessa de pagar uma determinada quantia ao tomador, ou à pessoa a quem esse transferir o título. Existem determinados requisitos para a nota promissória prescritos nos artigos 75 e 76 da Lei Uniforme. Tais são:

- a denominação "Nota Promissória";

- a especificação de determinada quantia e dinheiro e o tipo de moeda como promessa de pagamento;

- o nome do beneficiário;

- a data do saque e;

- o local do saque.

[8] Disponível em: http://www.protesto.com.br/html/letcambio/lcambsem.shtml. Acesso em 08,10,2015.

<u>Exemplo de Nota Promissória</u>[9]

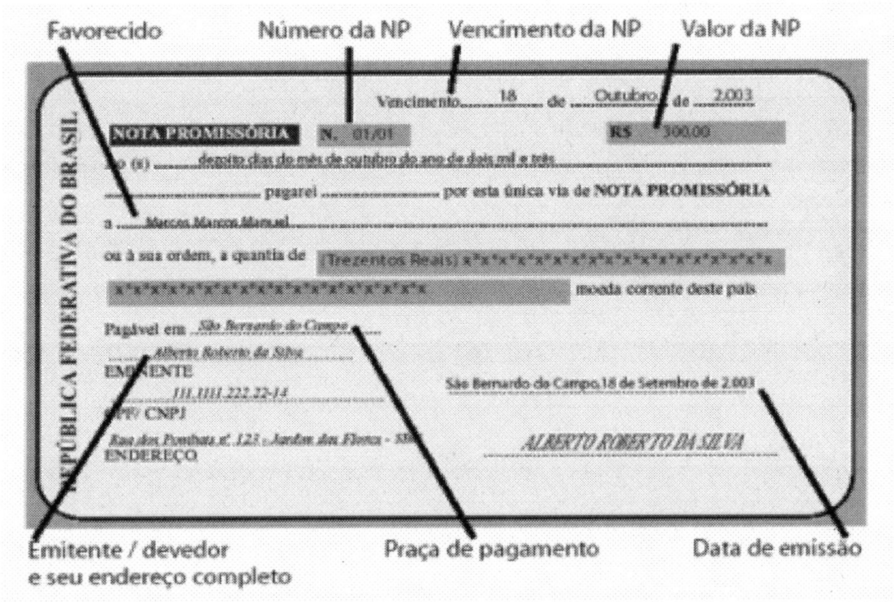

c) Cheque é uma ordem de pagamento a vista, em favor próprio ou de terceiro, emitida contra fundos disponíveis em poder de instituição financeira (sacado). Diz-se de um título de crédito de tipo vinculativo, cuja forma é fixada pelo Banco Central do Brasil.

O cheque é um documento formal. Assim, para produzir efeitos se exige o cumprimento de requisitos essenciais, tais como:

- a denominação “Cheque”;
- a ordem de pagar quantia determinada;
- o valor a ser sacado, que deverá estar escrito por extenso e em algarismos
- o nome do banco ou instituição financeira que deverá efetuar o pagamento
- o lugar do pagamento;
- a data e o local da emissão;
- a assinatura do sacador.

[9] Disponível em: http://luiztinocoadvogado.blogspot.com.br/2011/05/nota-promissoria-o-que-e-para-que-serve.html. Acesso em 08,10,2015.

Exemplo de Cheque

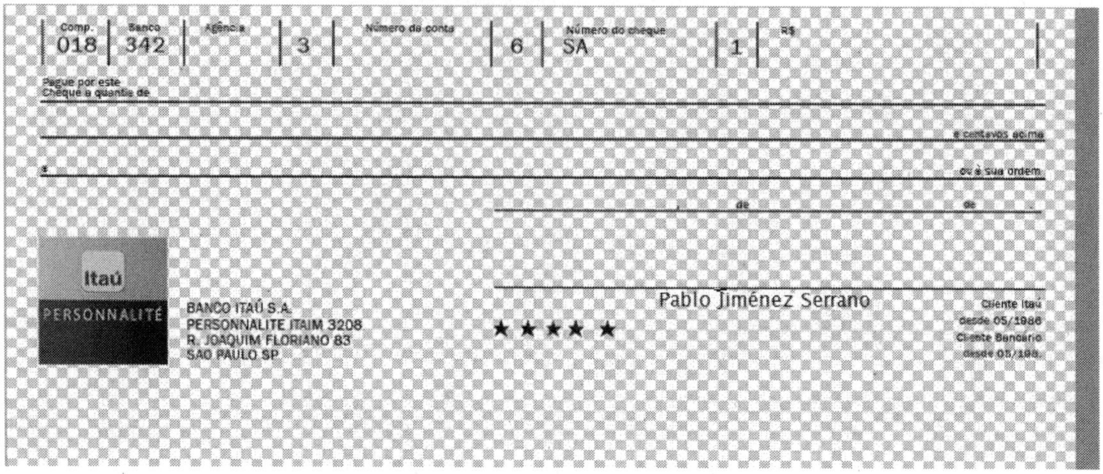

d) Duplicata é um título de crédito de emissão em vendas mercantis a prazo ou prestação de serviços, realizadas entre partes residentes no Brasil. Diz-se de uma ordem ou promessa de pagamento, emitida pelo credor contra devedor: um título de crédito causal, motivo pelo qual sua emissão sem causa constitui crime. O modelo de duplicata é vinculado pelo Conselho Monetário Nacional (CMN).

A duplicata é um documento formal. Assim, para produzir efeitos se exige o cumprimento de requisitos essenciais, tais como:

- a denominação “Duplicata”;
- a data da emissão;
- o número de fatura;
- a importância a ser paga em algarismo e por extenso;
- a data certa do vencimento;
- o nome e domicílio do comprador e do vendedor;
- a cláusula à ordem;
- a declaração do reconhecimento de sua emissão e da obrigatoriedade de pagá-la;
- a assinatura do emitente;
- a praça do pagamento.

Exemplo de Duplicata[10]

Este é o Número do Título
Este é o Devedor
DADO, DADO & CIA LTDA.
Rua "A ", nº 10 - Jardim Ipê
São Paulo - Capital
C.G.C. (MF) nº 33.333.333./0003-33
C.C.M. Nº 22.222-3
Mun. S. Paulo - Est. SP
DATA DE EMISSÃO: 01 / 04 / 2002
DUPLICATA
DADO, DADO & CIA LTDA.
Assinatura do Emitente

NF FATURA nº	NF-FATF/Duplicata-Valor	Duplicata - nº de ordem	Vencimento
007585	R$ 485,07	007585 - B	04-05-2002

PARA USO DA INSTITUIÇÃO FINANCEIRA
Desconto de % sobre até
Condições Especiais
Nome do Sacado: ROSA DOS VENTOS LTDA.
Endereço: Rua 20, nº 20 Jd. Taí
CEP/Município: 06000-000 Osasco Estado: S P
Praça de pagamento: Osasco
CEP/Município: Estado: S P
I.C.G.C. (MF) Nº : 55.555.555/0001-55 Insc. Est. nº : Isento
Rep. M
100
Valor por extenso Quatrocentos e Oitenta e Cinco Reais, Sete Centavos . - . - . - . - . - . - . - . - . - . - .
Reconhecemos a exatidão desta **Duplicata de Venda Mercantil**, na importância acima que pagaremos à DADO, DADO & CIA LTDA. ou à sua ordem, na praça e vencimento indicados.
Em 03 / 04 / 2002
(Data do aceite)
NÃO SENDO PAGA NO DIA DO VENCIMENTO, COBRAR JUROS DE MORA E DESPESAS FINANCEIRAS, NÃO CONCEDER DESCONTOS MESMO CONDICIONALMENTE.
ROSA DOS VENTOS LTDA.
MODELO
Este é o Portador/Favorecido

Esta duplicata está aceita pela devedora.
Nenhum documento a mais se faz necessário para protestá-la.

d) Conhecimento de transporte é um título representativo[11], um documento emitido por empresas de transporte terrestre, aéreo ou marítimo que comprova o recebimento de mercadoria e a obrigação de entregá-la no local de destino. Exemplo, o título representativo da mercadoria transportada.

O conhecimento de transporte apresenta os seguintes requisitos:

- o nome empresarial da empresa emissora;
- o número de ordem do conhecimento;
- a data da emissão, com indicação de dia, mês e ano;
- o nome do remetente;
- o lugar em que a mercadoria é recebida para ser transportada e o seu destino;
- a espécie, quantidade ou peso da mercadoria;
- a importância do frete (valor pago ou a ser pago) e;
- a assinatura do transportador.

---

[10] Disponível em: http://cosif.com.br/mostra.asp?arquivo=mtvm_duplicata. Acesso em 08,10,2015.

[11] Títulos representativos são títulos causais que não expressam uma operação de crédito, mas representam mercadorias ou bens que fundamentam a sua existência. Tais são: conhecimento de transporte ou de frete, conhecimento de depósito e o *warrant*.

e) Conhecimento de depósito e warrant são títulos representativos emitidos conjuntamente, porém diferentes. Vejamos.

O conhecimento de depósito é um título emitido pelos armazéns gerais que têm como finalidade especificar e provar a existência e propriedade sobre mercadoria depositada. Já o *warrant* é documento emitido pelo armazém geral e que tem como objetivo a circulação do crédito garantido pela mercadoria armazenada, isto é, constituir penhor sobre as mercadorias depositadas. São títulos transferíveis por endosso (á ordem) e ligados às atividades agrícolas, eles facilitam ao agricultor o depósito de suas mercadorias em um armazém antes de vendê-las, e mesmo antes de iniciar pedido de financiamentos das próximas safras. Significa que, a retirada de mercadoria depende da apresentação desses títulos.

4.5 Títulos de créditos no Código Civil

Os títulos de créditos regulam-se nos artigos 887 e 962 do Código Civil. Decerto que o CC se aplica desde que a lei específica seja lacunosa. Neste sentido as disposições do CC ficam sem aplicação, uma vez que os títulos de crédito já são disciplinados por lei própria. A nota promissória e a letra de câmbio, por exemplo, são disciplinadas pela Lei Uniforme de Genebra, a duplicata e a letra de câmbio prescrevem-se no art. 25 da lei 5.474/68. Da mesma forma, o Warrant e o Conhecimento de Depósito pela lei 11.076/04 e a Letra de Arrendamento Mercantil (lei 11.882/08).

BIBLIOGRAFIA

AFONSO da Silva, José. *Curso de Direito Constitucional Positivo.* 14. ed. São Paulo: Malheiros, 1997.

ASCARELLI, Túllio. *Problemas das sociedades anônimas e direito comparado.* 2. ed. São Paulo: Saraiva, 1969.

BACELLAR, Filho, Romeu Felipe. *Direito administrativo.* 2. ed. rev. e atual. São Paulo: Saraiva, 2005.

BETTI, Emilio. *Teoria geral do negócio jurídico.* Coimbra, tradução de Fernando Miranda, 1969, T.I.

BONFANTE, Pietro. *Historia del Derecho Romano,* volumen. 1. Madrid: Revista de Direito Privado, 1944.

CAVALIERI FILHO, Sérgio. *Programa de Responsabilidade Civil.* 11. ed. São Paulo: Atlas, 2014.

COELHO, Fábio Ulhoa. *Curso de direito civil,* volume 1. São Paulo: Saraiva, 2003.

________. *Curso de direito civil,* volume 4. São Paulo: Saraiva, 2006.

________. *Manual de direito comercial: direito de empresa.* 20. ed. Ver. e atual. São Paulo: Saraiva, 2008.

COMPARATO, Fábio Konder. *Ética: Direito, Moral e Religião no Mundo Moderno.* São Paulo: Companhia das Letras, 2006.

CRETELLA JÚNIOR, José. *Curso de direito administrativo.* 8. ed. Revista e atualizada. Rio de Janeiro, Forense, 1986.

CUSTÓDIO da Piedade, Ubaldino Miranda. *Interpretação e integração dos negócios jurídicos.* São Paulo: Revista dos Tribunais, Brasil, 1989.

DÍEZ-PICAZO, Luis e Antonio Gullón. *Instituciones del Derecho Civil.* Madrid: Tecnos, vol 1, 1995.

DINIZ, Maria Helena. *Compêndio de Introdução à ciência do Direito.* 11. ed. atualizada. São Paulo: Saraiva, 1999.

________. *Compêndio de introdução à ciência do direito.* 20. ed. ver. e atual. São Paulo: Saraiva, 2009.

________. *Curso de direito civil brasileiro,* 4º volume: direito das coisas. 22. ed. rev. e atual, de acordo com a Reforma do CPC. São Paulo: Saraiva, 2007

DI PIETRO, Maria Sylvia Zanella. *Direito administrativo.* 18. ed. São Paulo: Atlas, 2005.

FERRAZ Júnior, Tércio Sampaio. *A ciência do direito*. 2. ed. São Paulo: Atlas, 1980.

FINKELSTEIN, Maria Eugenia. *Direto empresarial*. São Paulo: Atlas, 2005.

GABRIEL, Sérgio. *Direito empresarial*. 2.ed. rev. e atual. São Paulo: DPJ Editora, 2008.

GAGLIANO, Pablo Stolze. *Novo curso de direito civil*, volume I: parte geral. 8. ed. rev., atual. e reform. São Paulo: Saraiva, 2006.

________; PAMPLONA FILHO, Rodolfo. *Novo curso de direito civil: Responsabilidade civil*. 3. ed. ver. São Paulo: Saraiva, 2005.

GRANDA Da Silva Martins, Ives. *O estado do futuro*. São Paulo: Pioneira, 1998.

GUSMÃO, Mônica. *Lições de Direito Empresarial*. 7. ed. Rio de Janeiro: Lúmen Júris, 2008.

G. W. F. Hegel. *Princípios da Filosofia do Direito*. Tradução Norberto de Paula Lima. São Paulo: Ícone, 1997.

JIMÉNEZ SERRANO, Pablo; CASEIRO Neto, Francisco. *Direito Romano*. São Paulo: Desafio Cultural,

KANT Emmanuel. *Doutrina do Direito*. São Paulo: Ícone, 1993.

KELSEN, Hans. *Teoria pura do direito*. Trad. João Baptista Machado. 6. ed. São Paulo: Martins Fontes, 1998.

MAMEDE, Gladston. *Manual de direito empresarial*. São Paulo: Atlas, 2005.

MARTINS, Fran. *Curso de direito comercial: empresa comercial, empresários individuais, microempresas, sociedades comerciais, fundo de comércio*. Ed. rev. e atual. Rio de Janeiro: Forense, 2008.

MAXIMILIANO, Carlos. *Hermenêutica e Aplicação do Direito*. 16. ed. Rio de Janeiro: Forense, 1996.

MEDAUAR, Odete. *Direito Administrativo Moderno*. 2.ed., São Paulo: Rt, 1998.

MEIRELLES, Hely Lopes. *Direito Administrativo Brasileiro*. 21. ed. Atualizada por Eurico de Andrade Azevedo, Délcio Balestero Aleixo e José Emmanuel Burle Filho. São Paulo: Malheiros, 1996.

________. *Direito Administrativo Brasileiro*. 30. ed. Atualizada por Eurico de Andrade Azevedo, Délcio Balestero Aleixo e José Emmanuel Burle Filho. São Paulo: Malheiros, 2005.

MORAES, Alexandre de. *Direitos Humanos Fundamentais*. São Paulo: Atlas, 2006.

PEREIRA, Caio Mário da Silva. *Instituições de direito civil*. Rio de Janeiro. Forense, 2005.

PERELMAN, Chaïm. *Ética e Direito*. São Paulo: Martins Fontes, 2005.

RUDOLF Von Ihering. *A luta pelo Direito*. 16. ed. Tradução de João Vasconcelos. Rio de Janeiro: Forense, 1996.

REQUIÃO, Rubens. *Curso de direito comercial.* 27. ed. rev. e atual. por Rubens Edmundo Requião. São Paulo: Saraiva, 2007.

ROQUE, Sebastião José. *Curso de direito empresarial.* 3. ed. rev. e ampl. São Paulo: Ícone, 2006.

VALPUESTA Fernandez, María R.e outros. *Direito de Obrigações e Contratos*. Valência: Tirant lo Blanch, 1995.

VASCONCELOS Arnaldo. *Teoria da norma jurídica.* Rio de Janeiro: Forense, 1978.

STOCO, Rui. *Abuso do direito e má-fé processual: aspectos doutrinários.* São Paulo: Revista dos Tribunais, 2002.

Printed in Dunstable, United Kingdom

91341902R00061